고전의 시작

• 역사 · 자연과학 •

| **일러두기** |

1. 서울대학교가 선정한 100선의 사상고전 중에서 역사 · 자연과학 고전 24편을 서울대 교수의 추천사와 함께 실었습니다.
2. 인명, 지명을 포함한 외래어는 일차적으로 국립국어원의 외래어 표기법을 따랐고 이차적으로 두산백과를 따랐습니다.
3. 책 제목은 겹화살괄호(《 》), 논문 · 영화 · 그림 제목 등은 홑화살괄호(〈 〉)를 사용했습니다.
4. 본문에 별색이나 큰따옴표(" ")로 표시된 원전의 직접 인용 부분은 저자가 독자들의 이해를 돕기 위해 수정 · 편집한 것입니다.

원문과 해제를 함께 읽는 내 인생 첫 고전 교과서

고전의 시작

역사 · 자연과학

황광우 · 홍승기 지음

생각학교

• 전국의 현장 교사들이 보내온 추천사 •

먼저 살아온 사람들이 남긴 삶의 뿌리가 고스란히 담겨 있는 고전. 그 뿌리에는 힘이 있다. 오늘의 세상을 바라보는 힘, 곧 세상을 바꾸는 힘이다. 《고전의 시작》은 고전을 공부하는 사람들에게 좋은 길잡이가 되어줄 책이다. 이 책을 통해 선생님과 아이들이 함께 그 뿌리를 캘 수 있기를 희망한다.

– 조장희, 서울 신일중 국어교사

고등학교 선택 교과목에 '고전'이 신설되었다. 인문, 사회, 과학, 예술, 문학 등의 다양한 동서양 고전 읽기를 주요 학습 목표로 제시한다. 그런데 교육 현장에서 가르치고 배워야 하는 교사와 학생은 고전 읽기가 녹록지 않다. 마침 《고전의 시작》은 고전에 깊이 다가갈 수 있도록 주제별로 묶었다. 주제별 읽기를 통해 나와 타자, 더 나아가 세상에 대한 인식의 폭을 넓힐 수 있다.

– 송영필, 대구 경북여고 국어교사

어둠 속에서 불빛을 보거나 동굴에서 태양 아래로 끌려나온 사람은 눈이 부셔서 이데아를 제대로 볼 수 없다고 플라톤은 말했다. 고전을 시작하는 학생과 안내자를 자처할 교사 역시 고전이 전해주는 지혜의 빛을 보기 위해서 준비가 필요하다. 매혹적인 서문과 차분한 해설로 우리가 맞이할 고전의 윤곽선을 보여준 이 책은 흥미로운 지적 여정에 눈뜨게 한다.

– 왕지윤, 인천 경인여고 국어교사

학교 독서 프로그램에도 적합한 책이다. 간결하고 명쾌한 고전 설명은 학생과 교사에게 고전의 정수를 보여준다. 필요한 질문과 원문을 담은 '생각 플러스'는 동서양의 대비되는 작품들을 보여주면서 생각의 폭을 넓혀주고, 균형 있는 안목을 키워준다.

– 오정훈, 제주여고 국어교사

학교에서 고전을 가르칠 때 고전(古典)은 그야말로 고전(苦戰)이다. 소크라테스의 산파술로 〈반지의 제왕〉을 이야기하고 싶지만, 아이들에게는 수면제처럼 느껴진다. 사실 교사는 전지전능하지 않다. 훌륭한 안내서에 목마른 것은 배우는 아이들만이 아니다. 그래서 《고전의 시작》은 가뭄의 단비와 같다. 이 책은 내게 삶을 두드리는 책, 고전(鼓典)이다.

–안미진, 광주일고 국어교사

고전은 질문을 끊임없이 주고받는 열린 텍스트다. 교실에서 아이들과 고전 이야기를 나누다 보면, 생각을 더 깊은 곳으로 안내할 책의 필요성을 느낀다. 아이들과 《고전의 시작》을 읽으며, 우리의 앎과 마음을 파고드는 질문을 던져보려고 한다. 묻고 답하는 사이에 생각하는 힘이 쑥쑥 커지지 않을까.

–류원정, 천안 오성고 국어교사

좋은 책이니 읽으라고 자신 있게 권하기 어려운 책이 '고전'이다. 동서양 사상가들의 주옥같은 말씀이 학생들에게 피가 되고 살이 될 것은 뻔한 일이나 좋은 약도 너무 쓰면 먹기 힘들다. 《고전의 시작》은 동서양 사상고전의 핵심을 두루 다루면서 풍부하고 쉽게 해설한 책이다. 청소년들이 교과서에서 이름만 들었던 고전을 만만하게 시작할 수 있다.

–박혜경, 국립전통예술고 국어교사

지금은 스마트 시대. 세상과 세상 속 학교는 기계처럼 너무 깔끔하고 단순하게 돌아간다. 가끔은 이곳에서 사람과 삶의 공기를 맡고 싶다. 고전은 인류가 발견한 지혜의 나침반이다. 학생들과 함께 고전을 읽으며 사람의 냄새가 넘실대는, 물음과 깨달음이 가득한 교실을 꿈꾼다. 《고전의 시작》, 이 책으로 힘든 발걸음을 쉬이 떼본다.

–양윤복, 부산 사직여고 국어교사

학교에서 고전을 가르치는 일은 가치 있지만 곤혹스럽기도 하다. 가르치는 교사가 고전을 제대로 배운 적 없고 배우는 학생들도 고전의 현실적 가치를 알기 어렵기 때문이다. 그래서 쉽게 고전 속으로 안내하는 《고전의 시작》은 교사와 학생의 필요에 걸맞은 책이다. 네 영역에 걸쳐 동서양 고전에 두루 다가갈 수 있도록 준비된 입문서다. 많은 분들이 이 책을 통해 고전의 세계로 들어가 불변하는 고귀한 가치를 찾을 수 있길 희망한다.

–김남극, 강릉 제일고 국어교사

서문

고전을 읽어야 하는 세 가지 이유

"내가 만들고 싶은 나라는 군사력이 센 나라도 아니요, 경제력이 강한 나라도 아니다. 내가 만들고 싶은 나라는 오직 문화적 수준이 한없이 높은 나라다"라고 백범 김구 선생은 말했다. 지금으로부터 60여 년 전의 일이다. 해방은 되었으나 나라가 어디로 갈지 갈피를 잡지 못하고 헤매던 그 시기에 선생은 민족의 나아갈 길을 이렇게 설파했다.

나와 같은 오십대가 캠퍼스의 낭만을 누리던 1980년대. 젊은 시절 우리는 김구 선생의 '내가 만들고 싶은 나라'에 눈길을 보내지 않았다. 1980년대는 군사 독재의 총칼 밑에서 국민의 기본권이 심하게 짓밟히던 시절이었기 때문이다. 우리 젊은이들에겐 독재 정권을 몰아내고 민주주의를 쟁취하는 것이 급박한 과제였다.

30년의 세월이 흐른 2010년대. 지금 한국의 1인당 GDP는 3만 달러를 향해 나아가고 있다. 한국의 경제력은 세계 10위권에 걸쳐 있다. 자살률이 세계 최고를 기록하고 있고 남녀 차별 지수가 세계 꼴찌 그룹에 속하는 등 부끄러운 모습도 많다. 한 가정이 자동차 두 대를 보유하는 나라가 되었음에도 청년 실업은 심각하고 대학생들의 눈빛은 불안하다.

다시 30년의 세월이 흐른 2040년대, 우리는 오늘의 십대들에게 모든 권리를 넘겨주고 인생을 정리하고 있을 것이다. 30년 후 오늘의 십대들은 기성세대로부터 대한민국을 건네받고 자신들의 세계를 만들어가고 있을 것이다. 어떤 세상을 만들어나가고 있을까? 청소년들이 고전을 읽어야 하는 이유는 자신들의 미래와 긴밀한 관계가 있기 때문이다. 나는 세 가지를 생각한다.

첫째, 한국, 중국, 일본 세 나라를 중심으로 하는 동아시아 경제권이 세계 경제를 이끌고 있을 것이다. 19세기에는 영국이 세계 경제를 이끌었고, 20세기에는 미국이 세계 경제를 이끌었다. 21세기 중반에는 동아시아가 세계 경제를 주도할 것이다.

이 예측은 굳이 경제 전문가의 권위를 빌려 말할 필요도 없다. 간단하다. 2013년 현재 미국의 GDP가 17조 달러이고 중국의 GDP가 9조 달러다. 지금 중국의 1인당 GDP가 7000달러인데, 이 수치가 1만 달러를 넘어서는 데는 많은 시간을 필요로 하지 않는다. 조만간 한국, 중국, 일본 세 나라의 경제가 세계 경제를 주도할 것이라는 예측은 큰 무리가 아니다.

영국과 미국은 과학기술의 힘으로 세계를 이끌었다. 영국과 미국은 인류에게 가난을 극복하는 과학기술과 질병을 치료하는 의료기술을 주었으나 세계를 전쟁의 도가니에 빠뜨렸고, 약소국가들을 수탈했다는 비판으로부터 자유롭지 못하다. 동아시아가 세계사를 주도하는 시기가 온다면 동아시아의 지도자들은 영국과 미국의 지도자들과 뭔가 달라야 할 것이다.

한국, 중국, 일본 세 나라에는 오랜 역사가 있고, 그 역사 속에 깃든 시와 사상이 있다. 우리는 《논어》와 《도덕경》을 알아야 한다. 두보의 시를 읽어야 하고 《맹자》와 《장자》를 알아야 한다. 그래야 서양인을 만나 동아시아의 특성과 가치를 말할 수 있을 것이다.

동시에 서양의 인문 정신을 알아야 한다. 호메로스의 《일리아스》와 《오디세이아》를 논의할 줄 알아야 하고, 소크라테스와 플라톤의 철학에 대해 대화할 수 있어야 한다. 30년 후 동아시아 경제가 세계 경제를 주도하게 되어 있으니, 동아시아 청소년들이 미래에 대비해 세계인의 지성을 예비하는 것은 시대의 요청이다. 이것이 오늘의 청소년들이 고전을 공부해야 하는 첫째 이유다.

둘째, KTX가 시베리아를 횡단하여 달리고 있을 것이다. 동아시아 경제가 세계를 이끄는 것은 우리의 의지와 무관하나 KTX가 시베리아를 횡단하여 달리는 것은 남과 북의 정치적 지도력에 달려 있다. 아직은 남북의 통일이 요원한 과제이지만 우리 민족도 스스로의 힘으로 대승적 통합을 이루지 못하리란 법은 없다.

나는 남과 북이 통일되고 KTX가 시베리아를 횡단하는 그날을 어서 보고 싶다. 서울에서 KTX에 올라타 평양과 신의주를 지나고 만주의 지린을 거쳐 블라디보스토크로, 이르쿠츠크로 달리고 싶다. 끝없는 시베리아 숲을 헤치고 모스크바를 거쳐서 베를린을 지나 파리에 가고 싶다. 내친김에 런던까지 가자.

오늘의 청소년들은 지금부터 세계 시민의 교양을 쌓아야 한다. 베이징에 가면 중국인들과 두보의 시를 말할 수 있어야 하고, 모스크바에 가면 러시아인들과 톨스토이의 《전쟁과 평화》에 나오는 대화재(大火災)를 거론할 줄 알아야 하며, 파리에 가면 프랑스인들과 《레미제라블》의 하수도를 말할 수 있어야 한다. 런던에 가면 누굴 이야기할까? 그렇다. 뉴턴과 다윈을 말하고, 더하여 1850년대 영국의 현실을 담은 마르크스의 《자본론》을 말할 수 있다면 이 사람이야말로 세계 시민이 아니겠는가?

우리 청소년들이 차표 한 장을 손에 들고 시베리아로, 유럽으로 달려갈 수만 있다면, 유럽인들과 함께 철학과 문학을 논하면서 동아시아의 시와 사상을 전할 수 있다면, 나는 여한 없이 눈을 감겠다. 세계 시민의 교양을 쌓는 것, 이것이 청년들이 고전을 공부해야 하는 두 번째 이유다.

셋째, 한국 경제는 조만간 1인당 GDP 3만 달러를 돌파할 것이고 주 4일 노동제가 도입될 것이다. 필요로 하는 것이 가장 적은 사람이 가장 부유한 사람이라고 소크라테스는 말한 적이 있다. 소크라테스에게 보배는 한가로움이었다. 한국 사회가 주 4일 노동하는 사회로 진입할 경우 일하지 않는 주 3일을 어떻게 보낼 것인가?

한국이 선진국이 되려면 우리 모두가 성숙한 인간이 되어야 한다. 삶과 죽음에 관해 나름의 생각을 갖는 철학자가 되어야 한다. 유행하는 삶의 양식이나 주어진 쾌락에 머물지 않고, 자기 나름대로 행복의 원리를 찾아야 한다.

나는 인간의 행복한 삶은 인간 본성의 건강한 실현에서 나온다고 생각한다. 아리스토텔레스의 금언에 따르면 인간은 알고자 하는 본성을 지닌 존재다. 왜 공부하는가? 알고자 하는 본성 때문이다. 왜 책을 읽는가? 새로운 진리를 깨달을 때 인간은 최고의 순수한 기쁨을 누리기 때문이다. 독서는 삶의 방편이 아니라 삶의 목적, 즉 행복으로 가는 지름길이다.

지난날 공부는 생존하기 위한 삶의 방편이었다. 이제 이런 공부는 그만하자. 공부는 수단이 아니라 목적이다. 고전을 읽자. 고전의 지혜로 나의 영혼을 아름답게 가꾸자. 한국인 모두가 철학자가 되고 세계 시민의 교양을 갖추자. 한국이 선진국이 되는 길은 여기에 있다. 이것이 바로 우리가 고전을 읽어야 할 세 번째 이유다.

아이들에게 고전을 읽으라고 하기 전에 부모가 먼저 고전을 읽자. 학생에게 고전을 권유만 하지 말고 선생님이 먼저 고전을 읽자. 청소년에게 고전을 읽으라고 하기 전에 기성세대가 먼저 고전을 읽자.

"아는 것은 안다, 모르는 것은 모른다고 말하는 것, 이것이 아는 것"이라고 공자는 말했다. 21세기의 대한민국이 배워야 할 인물은 미국의 허친스 총장이다. 서른 살 젊은 나이에 시카고 대학교의 총장이 된 허친스는 자신은 법률에 관한 전문 지식은 갖고 있지만 교육에 관한 철학은 없다고 고백했다. 이후 대학 총장이 손수 대학생들과 함께 고전을 읽고 토론을 했다. '위대한 저서(great books) 읽기 운동'은 이렇게 허친스의 정직한 자기 고백에서 시작되었다.

고전 읽기의 필요성이 갖는 의미심장함에도 불구하고 한 권의 고전을 학생 혼자만의 힘으로 독파한다는 것은 쉬운 일이 아니다. 고전 그 자체가 난해한 까닭도 있으나 고전을 이해하기 위한 교양이 부족하기 때문이다. 따라서 학생이 고전을 공부하기 위해선 반드시 안내자가 필요하다. 그런데 고전을 안내해줄 선생님들도 채 준비되어 있지 않다는 척박한 현실이 우리를 안타깝게 한다.

서울대가 선정한 고전 100선을 해설한 《고전의 시작》은 이처럼 척박한 우리의 지적 현주소에서 나온 책이다. 누구나 고전 한두 권쯤은 읽었겠으나, 권위 있는 기관이 선정한 책 100권을 다 읽은 사람은 찾아보기 힘들다. 솔직히 고백하자면 홍승기와 나도 이번의 해설 작업을 하면서 처음 알게 된 책이 꽤 된다.

《고전의 시작》은 선생님들부터 읽어야 한다. 지난여름 밤을 새워가며 쓴 우리의 글을 읽다 보면 독자들은 인류의 지성이 쌓아올린 금자탑에 절로 고개를 숙이고, 문득 고전의 지혜로 무장하고 싶은 열정을 느낄 것이다. 이것이 바로 《고전의 시작》이 기대하는 바다.

"아침에 도를 들으면 저녁에 죽어도 좋으리."

2014년 11월
빛고을에서
황광우

목차

| 4부 | 과학의 혁명

| 5부 | 세계를 관찰하는 도구

프롤로그

역사 · 자연과학 고전의 힘

과거와 현재는 끊임없이 대화 중!
– 역사 고전을 읽어야 하는 이유

역사란 무엇인가? 근대에 들어 이 주제를 두고 논란이 끊이지 않고 있다. 역사학자들 사이에만 논란이 있는 것이 아니다. 제국주의 시대에는 제국주의 국가들이 자신들의 침략 행위를 정당화하기 위해 역사를 왜곡하기도 했다. 오늘날에도 일본의 역사 교과서에서 보듯 왜곡된 역사가 시정되고 있지 않다. 한 국가 안에서도 역사를 둘러싼 논란이 가라앉지 않고 있다. 우리나라에서도 정치 세력까지 가세하여 역사 논란을 벌이고 있다.

역사가 논란이 되는 이유는 역사를 과거의 사실로만 보지 않고 현재와 연관시켜 보기 때문이다. 그래서 영국의 역사가 E. H. 카(Edward

Hallet Carr)는 "역사란 과거와 현재의 끊임없는 대화"라고 했다. 똑같은 사실을 두고 관점에 따라 해석이 달라진다. 고대 중국의 정치가 관중(管仲)은 제나라에서 환공(桓公)이 즉위하자 환공의 형인 규(糾)의 편에 서서 싸웠으나 패배하여 노나라로 망명했다. 그 뒤 친구인 포숙아(鮑叔牙)의 추천으로 환공에게 등용되어 제나라의 부국강병을 이뤘다. 관중의 행동에 대해 공자의 제자들은 비난했지만 공자는 옹호했다. 공자의 제자들이 도덕적 관점에서 역사를 보았다면 공자는 정치적 관점에서 역사를 보았던 것이다.

역사 논란은 그만큼 역사가 중요하다는 반증이다. 그러므로 역사 논란이 뜨거울수록 역사를 올바로 이해하기 위한 노력이 절실하다. 역사에서 잘한 일은 이어받고 잘못한 일은 극복해낼 교훈을 얻어야 한다. 역사를 모르는 민족에게 미래가 없다는 말이 있듯이 개인 역시 역사를 모르면 발전하기 어렵다.

역사를 제대로 이해하려면 역사 고전을 읽어야 한다. 어느 나라든 어느 민족이든 자신들의 역사를 기록해왔다. 따라서 역사서는 방대하다. 그중에서 우리나라의 역사 고전을 비롯하여 전 세계적으로 인정되는 모범적 역사 고전을 읽어야 한다. 역사 고전 읽기를 통해 우리는 역사를 보는 안목을 기르고, 역사적 사실에 대해 올바로 해석할 수 있게 될 것이다.

코페르니쿠스의 생각은 왜 혁명적일까
– 자연과학 고전을 읽어야 하는 이유

자연과학 서적은 흔히 전문 서적으로 분류된다. 실제로도 대부분의 자연과학 서적은 매우 전문적인 내용으로 이루어져 있다. 전공자가 아니라면 이해할 수도 없고 이해할 필요도 없는 내용들이 많다. 이로 인해 자연과학의 중요성이 강조되면서도 자연과학과 거리가 멀어진다.

'통섭(統攝)'이란 말이 유행하고 있다. 통섭이란 인문학과 사회과학 그리고 자연과학을 통합해 새로운 것을 만들어내자는 범학문적 연구 자세를 말한다. 실제로 인문학과 사회과학을 하는 사람은 자연과학에 대해, 자연과학을 하는 사람은 인문학과 사회과학에 대해 관심을 쏟는 경우가 늘어나고 있다. 통섭은 시대의 대세가 되어가고 있다.

역사적으로 보면 자연과학의 발전이 세계관의 전환을 가져온 경우가 많았다. 그 대표적인 사례가 코페르니쿠스의 태양 중심 이론이다. 코페르니쿠스 이전에는 지구중심이론이 지배하고 있었다. 지구 중심 이론이란 지구는 제자리에 있고 우주가 지구를 중심으로 회전한다는 이론을 말한다. 코페르니쿠스는 이것을 뒤집었다. 지구가 태양의 주위를 돌고 있다고 한 것이다. 따라서 태양 중심 이론은 세계관의 일대 대전환을 가져올 수밖에 없었다.

코페르니쿠스는 레볼루션(revolution)을 천체의 '회전'을 의미하는 말로 사용했다. 그러나 오늘날에 레볼루션은 '혁명'을 의미한다. 살가죽을 벗겨 운명을 바꾸듯 모든 것을 바꾼다는 말이다. 코페르니쿠스의 이론이 미친 영향이 얼마나 심대한지 알 수 있다. 독일의 철학자 칸트는 주저인 《순수이성비판》을 발표하면서 자신의 철학을 '철학의 코페르니쿠스적 혁명'이라고 했다.

과학의 혁명은 인문학과 사회과학 전반에도 영향을 미친다. 다윈이 《종의 기원》을 발표한 이후 인문학과 사회과학에 진화론이 급속히 확산된 것이 그 예다. 근대적 세계관 형성에 심대한 영향을 미친 자연과학의 고전을 읽어야 하는 이유가 여기에 있다.

역사와 자연과학 고전을 이해하는 다섯 가지 키워드

– 역사와 자연과학 고전을 읽는 방법

다른 분야의 고전도 그렇듯이 역사와 자연과학의 고전 역시 주제별로 나누어 읽어야 고전에 대해 깊이 이해할 수 있다. 이 책에서는 역사와 관련한 세 가지 주제, 자연과학과 관련한 한 가지 주제, 세계를 이해하는 방법론과 관련한 한 가지 주제 등 다섯 가지 주제를 다뤘다. 역사와 관련하여 첫째 주제는 '역사와 지혜'다. 즉 역사로부터 무엇을 얻을 것인가 하는 것이다. 역사가는 뚜렷한 자기 관점, 즉 사관을 가지고 역사적 사실을 기록하고 평가한다. 그리고 그 역사적 사실의 주요한 측면이 무엇인지 드러내고 역사적 교훈을 제시하려고 한다. 물론 역사가의 평가를 그대로 받아들일 필요는 없다. 그러나 역사 고전을 읽음으로써 역사적 사실을 어떻게 바라보아야 할지를 알 수 있을 것이다.

둘째 주제는 '역사적 관점의 힘'이다. 역사는 해석된다. 역사적 사실을 있는 그대로 서술한다는 것은 사실상 불가능하다. 해석의 출발점은 현재다. 지금 현재 우리가 봉착하고 있는 문제의 해법을 모색하기 위해 역사적 사실을 검토하고 해석한다. 따라서 역사적 사실의 해석은 실천으로 연결된다. 일제강점기에 우리나라 역사가들은 민족혼을 불러일으켜 나라를 되찾고자 했다. 그래서 역사 속에서 민족혼이 융성했던 시대를 발굴하고자 했다. 따라서 역사 저술 속에는 역사가의 치열한 삶이 묻어 있다. 우리는 역사 고전을 통해 자기 시대의 문제를 인식하고 해결하고자 하는 치열한 삶을 배울 수 있다.

셋째 주제는 '시대를 읽는 눈'이다. 즉 시대의 흐름을 어떻게 읽을 것인가를 담았다. 지금 우리는 어디에 서 있고 어디를 향해 가고 있는가를 아는 일은 삶의 자세를 바로 하기 위해서도 매우 중요하다. 낙엽이 강물에 흘러가듯 사는 삶은 보람도 없고 허망하기조차 하다. 시대의 흐름을 읽으려면 역사적 고찰이 필수적이다. 역사를 길게 보면 일정한 변화와 발전의 법칙이 작용하고 있음을 알 수 있다. 그 법칙을 알아야 내가 살고 있는 이 시대가 어디로 가는지 알 수 있다. 역사 고전은 시대의 흐름을 읽는 길을 제시해준다.

다음으로 자연과학과 관련한 주제는 '과학의 혁명'이다. 혁명이란 무엇인가? 혁명 하면 우리는 프랑스 대혁명이나 러시아 혁명을 떠올린다. 이 두 사건을 혁명이라 하는 이유는 권력의 교체 때문이 아니다. 인간의 삶과 사고방식부터 사회적 생활에 이르기까지 전반적인 변화가 일어났기 때문이다. 그런 점에서 보면 산업혁명 또한 분명한 혁명이다. 산업혁명은 일시에 일어나지는 않았지만 서서히 지속적으로 진행되어 인간을 포함한 모든 것을 근본적으로 바꾸어놓았다. 과학혁명 역시 마찬가지다. 과학의 발견이 당장 우리의 삶과 사고방식을 바꾸지는 않는다. 그러나 그 발견이 지속적으로 영향을 미쳐 우리의 의식과 삶을 전반적으로 바꾸어놓는다. 혁명적 변화를 가져온 자연과학의 고전은 우리가 생각을 전환할 수 있도록 안내한다.

다섯째 주제는 '세계를 관찰하는 도구'다. 세계를 이해하려는 노력은 인류가 탄생하면서부터 있어왔다. 원시시대에는 주술사의 힘을 빌려 세계를 알고자 했다. 철학의 등장은 세계를 이해하려는 노력의 산물이다. 철학이 세계의 근원을 탐구하는 데서 시작한 것은 당연한 일이다. 주술사의 힘 같은 신비적인 것에 의존하지 않고 인간의 이성과 통찰로써 세계를 이해하려 하면서 철학이 등장한 것이다. 근대에 들어 세계를 이해하기 위한 다양한 방법론이 생겨났다. 이 방법론은 철학은 물론 역사학, 사회과학 등 학문의 전 분야에 걸쳐 영향을 미쳤다. 그중에서 오늘날에도 영향을 미치고 있는 방법론을 아는 것이 중요하다. 방법론을 모른다면 전쟁터에 총 없이 나가는 것과 마찬가지다. 이런 방법론을 제시한 고전을 읽음으로써 우리는 세계를 이해할 수 있는 도구를 가지게 될 것이다.

이 책에서는 이상 다섯 가지 주제에 따라 고전을 해설했다. 이 책에서 소개한 고전을 읽음으로써 역사를 바라보는 시각, 과학적 혁명의 의의, 세계를 이해하기 위한 방법론을 알 수 있게 될 것이다. 그만큼 고전을 읽는 기쁨 또한 커질 것이다.

1부

역사와 지혜

영화 〈백 투 더 퓨처〉는 타임머신을 타고 과거로 돌아가 모험을 하는 이야기다. 과거로 간 주인공은 사건에 휘말리고, 그로 인해 오늘의 모습이 서서히 달라진다. 주인공이 기지를 발휘해 사건을 마무리하자 사라지던 현재의 모습이 다시 제자리를 찾게 된다.

가상의 이야기이지만 과거가 달라지면 현재의 모습 역시 달라진다는 것을 보여주었다. 이 영화는 과거와 현재의 관계를 시사해준다. 그래서 영국의 역사학자 E. H. 카는 '역사란 과거와 현재의 끊임없는 대화'라고 했다. 과거는 현재 우리가 직면한 여러 문제를 해결하는 데 필요한 지혜와 교훈을 제공한다. 이것이 역사의 가치다.

역사가 가치를 가지려면 역사적 사실에 대한 기록이 중요하다. 역사가는 과거의 사실을 계속 발굴하고 기록함으로써 우리에게 풍부한 자료를 제공하고 있다.

1부에서는 역사의 가치를 보여주는 다섯 편의 글을 해설했다. 헤로도토스의 《역사》, 사마천의 《사기열전》, 일연의 《삼국유사》, 신채호의 《조선상고사》, 비코의 《신학문의 원리》가 그것이다.

헤로도토스는 유럽에서 '역사의 아버지'로 추앙받고 있다. 헤로도토스의 역사관은 보고 들은 대로 쓸 의무는 있지만 그것들을 모두 믿을 의무는 없다는 것이다. 그래서 헤로도토스는 보고 들은 모든 것을 기록했다. 동양에서 유럽의 헤로도토스와 같은 지위를 갖는 사람이 사마천이다. 사마천은 궁형이라는 치욕과 고난을 이겨내고 불후의 고전을 썼다. 사마천은 인간에 대한 탐구를 통해 후세에 역사적 교훈을 주고자 했다. 일연은 민족적 각성을 바탕으로 우리나라 고유의 역사와 문화를 발굴하고 기록했다. 일연 덕분에 우리는 삼국시대의 상황과 문화를 알 수 있게 되었다. 신채호는 역사를 아(我)와 비아(非我)의 투쟁이라고 했다. 신채호는 우리나라에 민족주의적 역사학을 정립했다. 그의 민족주의는 독단적 민족주의가 아니라 열린 민족주의다. 비코는 인간은 인간이 만든 것만을 알 수 있다는 생각 아래 인간이 만든 사회를 연구하자고 했다. 비코는 여러 민족의 역사를 연구하여 역사가 단계적으로 발전한다는 사실을 보여주었다.

역사란 역사학을 하는 사람들의 전유물이 아니다. 오히려 모든 인문학의 바탕에는 역사가 있다. 개인에게도 마찬가지다. 한 개인은 집안의 역사 속에서 살아간다. 그리고 개인은 자신이 속한 사회의 역사 속에서도 살아간다. 그러므로 우리는 역사를 외면할 수 없다. 역사는 기록되는 것이기에 반드시 후대에 평가받을 수밖에 없다. 그러므로 역사 앞에 겸허해지자는 말은 우리가 지금 올바른 삶을 살아가야 한다는 의미다.

1

고대 그리스 조사 보고서

헤로도토스 《역사》

서울대 사상고전 100선에 선정된 핵심 포인트

기원전 5세기 초반의 페르시아 전쟁을 그린 이 책은 서유럽 최초의 역사서이면서 동시에 동방과 서양 사이의 만남을 그리고 있는 서양 최초의 기록이기도 하다. 페르시아에 대한 그리스 동맹군의 승리를 폭군의 통치에 대한 법의 통치의 승리로 특징 지운 헤로도토스의 이 저술에서 우리는 동방 대국의 침략을 물리친 그리스인의 자부심과 유럽적 자기의식이 형성되기 시작하는 것을 읽을 수 있다. 인간의 사소한 동기를 통해 사건들을 설명하면서도 뛰어나게 사건들의 정치적 함축을 이끌어내는 그의 시각은 2500년 전의 이 책에 오늘날에도 낡지 않은 생생함과 인간의 삶을 성찰하도록 하는 힘을 부여하고 있다.

– 김남두 서울대학교 석좌교수

흙과 물을 바칠 수 없다

기원전 480년 페르시아 왕 크세르크세스는 대규모 군사를 이끌고 그리스를 침략했다. 헤로도토스(Herodotos, BC 484?~BC 425?)는 《역사(Historiae)》에서 크세르크세스가 동원한 군대의 규모가 500만 명이 넘는다고 했다. 헤로도토스는 그 증거로 세 가지 자료를 제시한다. 첫째 자료는 육군만 총 170만 명이었다는 것이다. 1만 명의 군대를 빈틈없이 밀집시킨 다음 그 주위에 원을 그리고 원을 따라 배꼽 높이의 담을 쌓아 전체 군대의 수를 헤아렸다는 것이다. 둘째 자료는 동원된 배의 숫자가 총 3000척이었다는 것이다. 삼단노선의 수는 1207척, 그 외 삼십노선, 오십노선, 소형 선박, 군마 운반선이 총 3000척이었다는 것이다. 삼단노선 한 척당 평균 200명의 인원이 탑승하고 일반 배 한 척당 100명의 인원이 탑승한다고 가정할 경우 54만 명이 동원된 것으로 추정된다. 세 번째 육군과 해군을 합하여 230만 명이 동원되었고 여기에 종군한 하인과 군량 수송선의 선원을 다 합하면 528만 명에 달했다는 것이다. 앞서 크세르크세스의 아버지 다리우스 1세가 시도한 두 차례의 그리스 침략은 실패로 끝났다. 그래서 크세르크세스는 이번에 결판을 내기 위해 대규모 군사를 일으켰던 것이다.

헤로도토스는 페르시아가 그리스를 침략한 이유가 흙과 물 때문이라고 했다. 페르시아 왕들은 주변 약소국가들에게 복속을 요구하면서 흙과 물을 바칠 것을 요구했다. 왕이 보낸 사절에게 흙과 물을 바친 나라는 페르시아 왕에게 충성 맹세를 한 것으로 간주되었다. 수많은 나라들이 페르시아의 위세에 눌려 흙과 물을 바쳤지만 그리스의 스파르타와 아테네만이 거부했다. 아테네인들은 페르시아 왕의 사절을 구덩이 속에, 스파르타인들은 우물 속에 던지며 거기서 왕에게 줄 흙과 물을 가져가라고 했던 것이다.

크세르크세스가 대규모 군사를 일으키자 그리스인들은 공포에 휩싸였다. 과연 이 거대한 병력에 어찌 대적할 것인가?

헤로도토스는 이렇게 유례없는 페르시아 전쟁의 원인과 경과 그리고 결과를 충실하게 기록했다. 왜 헤로도토스는 페르시아 전쟁을 기록했을까? 아테네에 살면서 아테네인들이 페르시아 전쟁에 대해 자랑하는 것을 듣고 이 전쟁을 기록하기로 결심했던 것이다. 헤로도토스의 고향은 소아시아 서남부의 도시인 할리카르낫소스였다. 그곳에서 기원전 484년경에 태어나 아테네에 살면서 정치가 페리클레스, 비극시인 소포클레스 등과 친교를 맺었다.

전쟁의 기록은 쉽지 않았다. 헤로도토스가 살았던 시기가 전쟁의 혼란기였기 때문이다. 열 살 무렵에 페르시아 전쟁이 일어났고 페르시아 전쟁이 끝나자 아테네와 스파르타가 그리스의 주도권을 놓고 펠로폰네소스 전쟁을 벌였다. 헤로도토스는 전쟁의 혼란 속에서도 수많은 지역을 여행하며 자료를 모았다. 페르시아 제국이 지배하는 지역은 물론 이집트, 리비아, 시리아, 바빌로니아 등을 방문했다. 이렇게 모은 방대한 자료를 바탕으로 페르시아 전쟁을 기록한 《역사》를 썼다. 《역사》는 기원전 425년경에 출판된 것으로 알려져 있다.

자유냐 노예냐의 전쟁

페르시아 전쟁은 그리스의 연합 부대가 절대적 열세임에도 막강한 페르시아 군대를 격파하는 것으로 끝이 났다. 어떻게 이런 일이 가능했을까? 헤로도토스가 묘사한 전쟁의 경과를 보면 그리스가 승리한 원동력을 알 수 있다.

전쟁 준비를 완료한 크세르크세스는 데마라토스를 불러 물었다. "그리스인들이 과연 나에게 대항할 것인가?" 데마라토스는 다리우스 1세의 그리스 원정에 참여한 적이 있는 그리스인이었다. 데마라토스가 대답했다.

"전하께서 진실만을 말하라고 명령하시니 말씀드리겠습니다. 그리스는 원래 가난한 나라이지만 지혜와 엄격한 법 덕분에 용기를 갖게 되었습니다. 그리고 용기 덕분에 가난과 독재를 물리칠 수 있었습니

스파르타 왕 레오니다스. 크세르크세스에게 패배하고 죽임을 당한다.

다. …… 그들은 그리스를 노예로 만들려는 전하의 제안을 절대로 받아들이지 않을 것입니다."

데마라토스의 답변을 이해할 수 없었던 왕이 반문했다. 1000대 1인데 어떻게 무모한 싸움을 할 수 있느냐는 것이었다. 데마라토스가 말했다.

"그들의 주인은 법입니다. 그들은 전하의 신하들이 전하를 두려워하는 것 이상으로 법을 두려워합니다. 아무튼 그들은 법이 명령하는 대로 행동합니다. 법의 명령이란 언제나 같습니다. 즉 아무리 많은 적군을 만나더라도 싸움터에서 도망치지 말고 대열을 지키며 버티고 서서 이기든 죽든 하라는 것입니다."

일찍이 아리스토텔레스는 그리스의 도시국가인 폴리스가 시민들의 합의에 의해 성립되고 운영되었다고 말했다. 따라서 그리스의 법은 시민들의 합의였다. 합의를 위반한 자는 엄한 벌을 받게 된다. 데마라토스는 이런 사정을 말하고자 했던 것이다. 그리스인들은 노예로 사느니 싸움터에서 물러서지 않을 것이다.

헤로도토스가 기록한 다음 사례는 그리스인들이 무엇을 열망했는지 보여준다. 그 당시에 먹고살기 어려워 일자리를 찾아 페르시아로 이주하는 그리스인들이 있었다. 페르시아인들은 그리스인들을 크세르크세스 앞으로 끌고 가서 심문했다. "그리스인들이 무엇을 하고 있는가?" 그리스인들이 대답했다. "올림피아 축제를 개최하여 육상경기와 경마를 구경하고 있습니다." 페르시아인들이 다시 물었다. "어떤 상을 타려고 경기를 하느냐?" 그리스인들이 다시 대답했다. "올리브 가지로 엮은 관(冠)을 타기 위해서 경기를 합니다." 그때 페르시아 장군 트리탄타이크메스가 큰 소리를 질렀다. 트리탄타이크메스는 그리스인들이 돈이 아니라 관을 걸고 경기를 한다는 말을 듣자 침묵할 수 없었다. "아아, 왕이시여! 어찌하여 돈이 아니라 명예를 위해 경기를 하는 이런 종류의 인간들과 싸우자고 우리를 이끌고 왔습니까!"

그리스인들은 자유와 평화를 갈망했다. 올림피아 축제를 즐기며 자유롭게 사는 삶을 원했다. 그리스인들이 진실로 두려워한 것은 대규모의 페르시아군이 아니라 자유의 상실이었다. 페르시아인들은 그리스인들의 마음을 이해할 수 없었다. 크세르크세스는 큰 소리를 지른 트리탄타이크메스를 겁쟁이라고 생각할 뿐이었다. 크세르크세스를 비롯한 페르시아인들은 자유가 얼마나 큰 힘을 발휘하게 하는지를 알지 못했다. 헤로도토스는 아테네가 강해진 이유를 이렇게 썼다.

아테네는 그렇게 점점 강성해졌다. 그리고 법 앞의 평등이 어느 면에서가 아니라 모든 면에서 얼마나 소중한 것인지 밝혀졌다. 왜냐하면 아테네인들이 참주의 지배를 받는 동안에는 전쟁에서 어느 나라도 능가할 수 없었지만 참주들에게서 벗어나자 세상에서 가장 뛰어난 전사들로 거듭났기 때문이다. 이것은 그들이 압제 하에서는 주인을 위해 일하기에 일부러 게으름을 부린 반면 자유민이 된 지금은 각자 자기를 위해 부지런히 일한다는 것을 보여준다.

헤로도토스가 보기에 페르시아 전쟁은 자유냐, 노예냐를 가르는 전쟁이었다. 그리스인들의 자유에 대한 열망 앞에 페르시아 군대는 무너졌던 것이다.

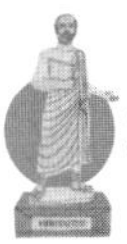

역사의 아버지

헤로도토스는 《역사》를 쓴 이유에 대해 이렇게 밝혔다.

> 이 글은 할리카르낫소스 출신 헤로도토스가 제출하는 조사 보고서다. 이 보고서를 쓴 이유는 인간들의 행적이 시간이 지나면서 잊히는 것을 막고 그리스인과 비(非)그리스인의 위대하고도 놀라운 업적이 사라지는 것을 막기 위해서다. 또한 무엇보다도 그리스인과 비그리스인이 전쟁을 하게 된 원인을 밝히는 데 있다.

《역사》에는 그리스와 페르시아뿐만 아니라 이집트인, 바빌로니아인, 스키타이족, 마사게타이족에 관한 지리학적, 인종학적, 민속학적, 역사적 사실이 기록되어 있다. 헤로도토스는 그리스의 입장에서 《역사》를 썼지만 그리스를 일방적으로 찬양하지 않았다. 그는 비그리스인들의 업적을 인정했다. 또한 페르시아 전쟁에 대한 서술에서도 그리스인의 결점, 예를 들면 의견의 불일치, 상호 간의 경쟁과 반목, 많은 도시들의 페르시아 편들기, 그리스인들의 능력 부족을 가감 없이 서술했다.

헤로도토스는 "나는 들은 대로 전할 의무는 있지만 그것을 다 믿을 의무는 없다"고 말했다. 그래서 헤로도토스는 보고 들은 내용에서 취사

선택하기보다 보고 들은 내용을 그대로 서술하는 방식을 택했다. 이러한 서술 방식이 《역사》의 내용을 풍부하게 했다.

한편으로 헤로도토스는 숙명론적 인생관을 가지고 있었다. 페르시아 왕 키루스에게 크로이소스가 어떻게 말했는지 들어보자. "전하 자신과 전하의 신하들이 한갓 인간임을 아신다면, 전하께서 아셔야 할 것은 인간사란 수레바퀴처럼 돌고 돌아 같은 사람이 늘 행복하도록 내버려두지 않는다는 점입니다." 인간은 늘 행복할 수 없다고 했다. 헤로도토스는 인생의 행복이란 덧없는 것으로 인간은 신이 내린 운명을 거스를 수 없다고 생각했다. 이런 생각이 《역사》의 전편에 걸쳐 흐르고 있다. 그럼에도 《역사》가 없었다면 기원전 550년에서 479년에 이르는 그리스와 서아시아 그리고 이집트 역사를 우리는 알 수 없었을 것이다. 그래서 고대 로마의 철학자 키케로는 헤로도토스를 가리켜 '역사의 아버지'라고 했다.

헤로도토스는 페르시아 전쟁의 원인과 결과에 대해 《역사》에 썼다. 브레히트(Bertolt Brecht)는 《역사》를 포함한 역사서가 지배층만을 다루었다는 점을 비판했다. 두 사람의 글을 읽고 역사 서술이 지배층 중심으로 이루어진 사례를 들어 그 문제점을 생각해보자.

◆ ◆ ◆

이 글은 할리카르낫소스 출신 헤로도토스가 제출하는 조사 보고서다. 이 보고서를 쓴 이유는 인간들의 행적이 시간이 지나면서 잊히는 것을 막고 그리스인과 비그리스인의 위대하고도 놀라운 업적이 사라지는 것을 막기 위해서다. 또한 무엇보다도 그리스인과 비그리스인이 전쟁을 하게 된 원인을 밝히는 데 있다.

– 헤로도토스, 《역사》 중에서

◆ ◆ ◆

성문이 일곱 개나 되는 테베를 누가 건설했을까? 책 속에는 왕들의 이름만 나온다. 왕들이 손수 돌덩이를 운반해 왔을까? 그리고 몇 차례나 파괴되었던 바빌론. 누가 그 도시를 재건했을까? 황금빛 찬란한 리마에서 건축 노동자들은 어떤 집에서 살았을까? 만리장성이 완공된 날 밤에 미장이들은 어디로 갔을까? 위대한 로마제국에는 개선문이 참으로 많다. 누가 그것들을 세웠을까? 로마의 황제들은 누구를 정복하고 승리를 거두었을까? 많은 사람들이 찬미하는 비잔틴에는 시민들이 살던 궁전들만 있었을까? 전설의 나라 아틀란티스에서조차 바다가 그 땅을 삼켜버리던 밤에 물에 빠져 죽어가는 사람들이 노예를 찾으며 울부짖었다고 한다.

젊은 알렉산드로스는 인도를 정복했다. 그 혼자서? 카이사르는 갈리아를 토벌했다. 적어도 취사병 한 명쯤은 대동하지 않았을까? 스페인의 펠리페 왕은 자신의 함대가 침몰되자 울었다. 펠리페 왕 이외에는 아무도 울지 않았을까? 프리드리히 2세는 7년 전쟁에서 승리했다. 프리드리히 2세 말고도 누군가 승리하지 않았을까? 역사의 페이지마다 승리가 나온다. 승리의 향연은 누가 차렸을까? 10년마다 위대한 인물이 나타난다. 거기에 드는 돈을 누가 냈을까? 그 많은 보고(報告)들. 그 많은 의문들.

– 브레히트, 〈어느 책 읽는 노동자의 의문〉 중에서

◆ ◆ ◆

2

하늘의 뜻은 옳은가, 그른가

사마천 《사기열전》

서울대 사상고전 100선에 선정된 핵심 포인트

중국의 전통적인 역사 서술 방법인 기전체(紀傳體) 사서(史書)의 효시가 된 《사기(史記)》 중에 사마천의 역사관, 세계관, 인간관이 잘 반영되어 있는 것이 바로 《사기열전》이라고 할 수 있다. 《사기열전》의 저술 목적을 "의를 돕고 결연히 나서 기회를 놓치지 않고 천하에 공명(功名)을 세운 사람을 위해 70편의 열전을 짓는다"고 사마천 자신이 밝히고 있다. 인간과 인간을 둘러싸고 벌어지는 제반 현상에 대한 깊은 이해를 바탕으로 쓰인 《사기열전》은 역사서이자 인간과 사회에 대한 깊이 있는 비판서이기도 하다.

– 박한제 서울대학교 명예교수

《춘추》를 이어라!

태사공은 아들 천의 손을 잡고 눈물을 흘리며 말했다.

"우리 선조는 주 왕실의 태사로서 아주 먼 옛날 순임금의 시대와 하대(夏代)로부터 천문을 관장하여 공명이 빛났다. 그 후 우리 집안이 기울었는데, 그 전통이 나에게서 끝날 것인가? 너는 다시 태사가 되어 우리 조상의 직분을 계승하여라. 주나라 유왕과 여왕 이후에 왕도가 무너지고 예악이 쇠퇴하자 공자(孔子)는 사라진 옛 전통을 다시 복구하고 정리하여《시경(詩經)》과《서경(書經)》을 편찬하고《춘추(春秋)》를 지었기 때문에 지금까지도 학자들이 본받고 있다. '기린을 얻었다'는《춘추》의 마지막 기록 이래 400여 년이 흘렀지만 그간 제후들은 서로 영토 합병에 몰두하여 사관의 기록이 방기 · 폐절되었다. 이제 한나라가 일어나 천하가 통일되었으나 나는 태사로서 현명한 군주, 정의를 위해 목숨을 바친 충신들의 행적을 기록하지 못했으니 천하의 역사 기록이 폐기될 것 같아 심히 두렵다. 너는 이것을 명심하여라."

사마천은 머리를 숙이고 울며 말했다.

"소자가 영리하지 못하나 조상 대대로 내려온 옛 기록을 빠짐없이 정리하겠습니다. 어찌 방심하겠습니까?"

사마천(司馬遷, BC145?~BC 86?)은 《사기열전(史記列傳)》의 마지막을 장식하고 있는 〈태사공자서(太史公自序)〉에서 《사기》를 짓게 된 배경에 대해 이렇게 말했다. 역사서를 쓰는 일은 집안의 가업을 잇는 일이자 공자가 쓴 역사서인 《춘추》를 잇는 일이라고 했다. 《춘추》를 잇는다는 것은 무슨 의미일까? 공자는 자신의 뜻을 알아주는 왕을 찾기 위해 천하를 돌아다녔다. 그러나 끝내 자신의 말을 들어주는 사람이 없자 노나라로 돌아와 책을 쓰고 제자를 교육시키는 데 전념했다. 그때 남긴 책 중의 하나가 《춘추》다. 공자는 《춘추》에서 사악한 왕과 신하를 비판하고 훌륭한 인물을 높이 평가하여 후세에 그 인물들의 이름을 남기려고 했다. 그래서 《춘추》가 나온 이후에 사악한 사람들이 두려워 떨었다고 한다.

사마천의 아버지 사마담(司馬談)은 공자의 역사의식을 계승했다. 그래서 한나라의 태사령으로 근무하면서 역사책을 쓰려고 노력했지만 뜻을 이루지 못했다. 이에 사마담은 아들 사마천에게 자신의 뜻을 계승해줄 것을 당부했다. 이런 역사의식과 사명감을 갖고 있었기 때문에 사마천은 《사기》를 쓸 수 있었다.

그런데 《사기》를 쓴 이유가 단지 《춘추》를 잇겠다는 역사의식과 사명감 때문이었을까? 아니다. 이것뿐이었다면 《사기》는 그렇게 뛰어나지 않았을 것이다. 이것 말고도 다른 이유가 있었다. 그것이 무엇일까? 인간으로서 감내하기 어려운 시련을 극복하고 고결한 목적으로 승화시키려는 피나는 노력이 《사기》를 쓰게 한 원동력이었다.

궁형을 자청한 이유는?

중국 후한시대의 역사가 반고(班固)는 《한서(漢書)》에서 사마천이 겪은 시련에 대해 기록했다. 사마천은 이릉(李陵) 사건으로 고난을 겪는다. 이릉은 한나라 장군이었다. 같은 한나라 장군 이광리(李廣利)가 흉노족을 공격했을 때 이릉은 배후에서 기습하여 흉노족을 크게 무찔렀다. 이릉이 흉노족과 싸워 승리하자 왕과 신하들이 잔치를 벌이며 축하했다. 그런데 이릉이 8만 명의 흉노족 군대에 포위되어 항복하자 왕과 신하들의 태도가 돌변했다. 신하들은 이릉을 모함했다.

그러나 이릉은 무기와 식량이 떨어져 어쩔 수 없이 항복한 것이었다. 그래서 사마천이 나서서 이릉을 변호했다. 사마천은 이릉과 같이 공부한 사이였지만 가까운 관계는 아니었다. 사마천은 이릉이 원래 충성스러운 장군이었다는 점, 이릉이 목숨을 걸고 한나라와 왕을 위해 싸웠다는 점, 그리고 지금 항복한 것은 어쩔 수 없는 상황 때문이었다는 점을 주장했다. 그러자 한 무제(武帝)가 격노하여 사마천을 체포했다. 감옥에 투옥된 사마천은 심한 고문을 받았다. 사마천의 죄목은 임금을 속인 죄였다.

임금을 속인 죄는 허리를 잘라 죽이는 사형죄에 해당했다. 사마천이 죽음을 모면할 길은 두 가지였다. 하나는 50만 전 정도의 돈을 바치는 것이고, 다른 하나는 궁형을 자청하는 것이었다. 그런데 사마천은 돈이 없었다. 도와줄 친척도 없었고 친구도 없었다. 그렇다면 사형을 면하는 유일한 길은 오직 궁형을 감수하는 것뿐이었다.

그러나 궁형은 얼마나 치욕적인 일인가! 사대부는 말할 것도 없고 평민이나 노예조차도 궁형을 받는 것을 세상에서 가장 커다란 치욕으로 생각하고 있었다. 궁형을 받고 환관이 된 자들은 인간 취급을 받지 못했다. 그런데 사마천은 살아남기 위해 궁형을 자청했다. 왜 그랬을까?

사마천은 절친한 친구인 임안에게 보낸 편지에서 당시의 심경을 이렇게 썼다.

처벌을 받고 치욕스럽게 살아가겠다는 것이 나의 본심이라고 말할 수는 없습니다. …… 개똥밭 가시덤불에 묻혀서라도 어떻게든 살아남아야 했습니다. 내 목숨을 쉽게 버리지 못한 이유는 내가 하고자 하던 일을 못 한 것에 대한 한을 풀기 위해서입니다. 이대로 묻혀버린다면 나의 글이 후세에 전해지지 못할 것이 두려웠기 때문입니다. 제가 아직 이 저술을 완성하기 전에 이릉의 화를 당했습니다. 이대로 완성하지 못한 채 중도에서 끝낸다는 것은 도저히 견딜 수 없는 일이었습니다. 그래서 극형을 당하면서까지 분노의 기색을 아무에게도 보이지 않았습니다.

-《한서》〈사마열전〉 중에서

사마천은 분명히 말했다. "궁형은 도저히 참을 수 없는 치욕일지라도 오직 하나의 목표를 위해 참아야 한다"고. 바로 "《사기》를 쓰기 위해서 죽어야 마땅한 상황이지만 궁형을 달게 받아야 한다"고. 그래서 사마천은 궁형을 받았다. 가슴에 한을 가득 안은 채.

하늘의 뜻은 존재하는가

사마천은 궁형을 받은 후 다시 복권되었다. 벼슬도 전보다 훨씬 높아졌고 임금의 총애도 받았다. 그러나 벼슬이 아무리 높아지고 임금의 사랑이 아무리 깊어도 자신이 궁형을 받았다는 사실은 변함이 없었다. 사마천은 궁형을 받은 생각을 할 때마다 식은땀이 나서 옷이 젖지 않은 적이 없었다. 하루에도 창자가 아홉 번이나 뒤틀렸고, 집에 있으면 마치 무언가를 잃은 것처럼 정신이 불안정했다. 밖에 나가면 어디로 갈지 모르는 사람처럼 우왕좌왕했다. 극도의 수치심으로 인한 육체적, 정신적 고통에 시달렸다.

그러나 사마천은 그런 고통을 극복해야 했다. 고통을 극복하는 길은 자신에게 맡겨진 임무를 혼신의 노력을 다해 수행하는 것이었다. 《사기》는 사마천이 삶에서 느낀 고통을 승화시키는 매개체가 되었다.

사마천은 세상을 달리 보게 되었다. 이릉을 비난하는 신하들의 치졸한 모습, 임금의 부당한 처우, 감옥에서 받았던 가혹한 고문, 궁형을 받아야 했던 비참한 신세, 궁형을 받고 나서 느꼈던 수치심. 그래서 사마천은 '인간이란 무엇이고 진리란 무엇인가?', '진정한 삶의 가치란 무엇인가?' 등을 근본적으로 재검토했다.

130권의 《사기》는 '기전체(紀傳體)'로 이루어져 있다. 《사기》를 구성하는 가장 대표적인 요소인 '본기(本紀)'와 '열전'에서 '기'와 '전'을 합쳐 '기전체'라 부른다. 기전체는 동양에서 역사를 서술할 때 사용하는 가장 대표적인 서술체제다. 우리나라의 《삼국사기(三國史記)》가 기전체 방식으로 이루어져 있다. 사마천은 인간을 탐구하려는 목적에서 《사기》의 체계는 기전체로 했다. 역사 서술체제에는 기전체 이외에 어떤 사건의 전후관계를 죽 써내려가는 '기사본말체(紀事本末體)'와 연대순으로 사건과 인물을 엮어나가는 '편년체(編年體)' 방식이 있다. 그런데 기사본말체나 편년체 방식으로는 인간을 탐구하는 것이 가능하지 않다. 세상을 움직이는 제왕, 제왕을 정점으로 세상을 분할하여 운영하는 제후, 그리고 제왕과 제후들 사이에서 작은 일을 구체적으로 처리하는 영웅호걸들. 사마천은 이렇게 사람들을 분리해놓고 그들의 활동을 분석하고 싶었던 것이다. 이런 목적을 위해 사마천은 기전체라는 독특한 역사 서술 방법을 만들었다.

인간을 탐구하려는 사마천의 의도는 분량에서도 나타난다. 전체 130권 중에서 가장 많은 부분을 차지하는 것이 70권으로 구성된 '열전'이고, 다음이 30권의 '세가(世家)', 그다음이 10권의 '본기'다. 인간의 행동을 다루는 이 세 가지가 《사기》의 대다수를 차지한다. 특히 다양한 영웅호걸들을 다루는 '열전'이 전체 분량의 반을 넘는다.

사마천의 의도는 인간에 대한 탐구에만 그치지 않는다. 사마천은 다음과 같은 질문에 대한 답을 찾으려 했다.

어떤 사람은 "하늘의 뜻이 공평무사하여 항상 착한 사람을 돕는다"라고 했다. 그러나 백이와 숙제 같은 사람은 인덕을 쌓고 행실을 깨끗하게 했음에도 굶어 죽었다. 공자의 제자 중에 가장 학문을 좋아했던 안연(顔淵)은 항상 가난해서 거친 음식조차도 배불리 먹지 못하고 끝내 요절하고 말았다. 하늘이 착한 사람에게 보상해준다고 하면 이럴 수가 있는가? 춘추시대 도척 같은 큰 도적은 날마다 죄 없는 사람을 죽이고 포악무도한 짓을 함부로 하며 수천 명의 도당을 모아 천하를 횡행했지만 끝내 천수를 다 누리고 죽었다. 도척이 덕행을 쌓았기 때문인가? 근자에 이르러서도 품행이 정도를 벗어나 오로지 사람들이 꺼리고 싫어하는 일만 하면서도 안락과 부귀를 누리는 사람이 있는가 하면 경거망동하지 않고 공명정대하게 일을 하는 사람들이 재난을 당하는 경우가 수없이 많지 않은가? 만약 하늘의 뜻이 참으로 존재한다면 하늘의 뜻은 옳은가, 그른가?

– 《사기》 〈백이열전(伯夷列傳)〉 중에서

사마천은 백이와 숙제가 의로운 사람이며 그들의 행동이 선한 행동이라고 했다. 고대 로마의 철학자 세네카(Lucius Annaeus Seneca)는 인간이 자신의 운명을 스스로 개척해나가야 한다고 말했다. 두 사람의 글을 읽고 '백이와 숙제의 행동'에 대해 생각해보자.

◆ ◆ ◆

백이와 숙제는 고죽군의 아들들이다. 아버지 고죽군은 숙제를 후계자로 세우려고 했으나 숙제는 형인 백이에게 그 자리를 양보했다. 그러나 백이는 사양하고 도망가 버렸다. 그러자 숙제도 도망쳐버렸다. …… 주나라에 이르니 무왕이 나무로 만든 아버지 문왕의 신주(神主)를 수레에 싣고 은나라의 주(紂) 임금을 정벌하러 가는 중이었다. 백이와 숙제는 무왕의 말고삐를 잡고 간언했다. "아버지가 돌아가셨는데 장사를 지내지 않고 곧장 군사를 일으키는 것을 효(孝)라고 할 수 있겠습니까? 신하가 주인 격인 은나라를 치는 것을 인(仁)이라 할 수 있겠습니까?" 무왕의 좌우에 있던 사람들이 그들을 해치려 하자 태공망이라는 사람이 "이들은 의인(義人)이다"라고 하며 무사히 떠나게 했다. 무왕이 은나라를 정벌하자 천하는 무왕의 주나라를 종주(宗主)로 받들었다. 그러나 백이와 숙제는 그것을 부끄러이 여기고 의를 지켜 주나라 땅에서 나는 곡식을 먹지 않고, 수양산에 숨어서 고사리만 캐먹다가 마침내 굶어 죽고 말았다. 백이와 숙제 같은 사람은 정말 선인(善人)이라고 할 수 있지 않겠는가?

– 사마천, 《사기》 〈백이열전〉 중에서

◆ ◆ ◆

인간은 자기의 행위를 개조할 능력을 가지고 있고, 이 능력에 의해 운명의 여신의 세력권 밖에 머물러 있을 수 있다. 이렇게 되면 여신의 은총을 받아도 대단하게 여기지 않으며, 미움을 받아도 위축되지 않는다. 이와 같은 경지를 음지라고 하건 양지라고 하건 그것은 자유다. 그러나 이 경지는 본래 음지도 아니고 양지도 아니다. 다만 낮에는 밝고 밤에는 어두울 뿐이다. 부귀, 건강, 미모, 명예, 권력뿐만 아니라 이와 반대되는 고뇌, 질병, 추방, 죽음 등의 경우도 마찬가지다. 이런 것들은 그 자체로는 가치중립적이며, 인간의 행복과 관계가 없다. 이것들이 덕성에 의해 어떻게 영향을 받느냐에 따라서 선으로도 생각되고 악으로도 생각될 뿐이다. 울부짖거나 신음하는 것은 인간의 본분에 대한 거부로, 이와 같은 약점이 있기 때문에 인간은 때로 좋아서 어쩔 줄 모르기도 하고 때로 실망에 빠지기도 한다. 그러므로 우리는 모름지기 자기 운명을 가만히 기다리기보다는 애써 창조할 일이다. 자기의 운명을 자기 힘으로 창조해나가기만 하면 운명의 여신이 얼굴을 찌푸린다고 해서 낙심하거나 그 여신이 웃는 얼굴을 지어 보인다고 해서 황홀해할 필요가 없다.

– 세네카, 《행복론》 중에서

◆ ◆ ◆

3

우리 역사는 단군신화에서 시작되었다

일연 《삼국유사》

서울대 사상고전 100선에 선정된 핵심 포인트

한국 고대의 역사, 지리, 문학, 종교, 언어, 민속, 사상, 미술 등의 문화유산을 종합적으로 담고 있는 책이다. 5권으로 구성되어 있는데, 1, 2권은 고조선부터 신라 말까지의 역사를 싣고 있고, 3~5권은 한국 불교사를 서술하고 있다. 특히 신화, 설화 등을 풍부하게 전해줌으로써 한국 고대 문화 이해를 위한 가장 중요한 문헌으로 평가받고 있으며, 또한 13세기 고려 사회의 시대 상황을 반영한 일연의 역사의식이 드러나 있다.

– 최병헌 서울대학교 명예교수

삼국시대를 알려주는 두 고전

무릇 옛날 성인은 예악(禮樂)으로 나라를 창건하고 인의(仁義)로 백성을 가르쳤다. 그래서 괴상한 일이나 어지러운 일 그리고 귀신에 대해서는 말하지 않았다. 그러나 제왕이 나타날 때는 하늘이 내리는 명령인 부명(符命)을 얻고 미래를 점치는 예언인 도록(圖錄)을 받았다. 따라서 보통 사람과는 다른 점이 있은 후에야 능히 큰 변을 틈타 정권을 잡고 큰 사업을 성취했다. …… 그러므로 삼국의 시조가 모두 신비스러운 데서 나왔다고 하는 것이 괴이할 바가 무엇이랴. 신비스러운 이야기인 〈기이(紀異)〉 편을 이 책의 첫머리에 싣는 것은 그 뜻이 실로 여기에 있다.

일연(一然, 1206~1289)의 《삼국유사(三國遺事)》는 이렇게 시작한다. 우리나라의 삼국시대를 알게 해주는 역사서에는 두 가지가 있다. 고려 전기에 김부식(金富軾)이 지은 《삼국사기》와 고려 후기에 일연이 지은 《삼국유사》가 그것이다. 그런데 두 책에는 차이가 있다. 어떤 점이 다를까?

김부식은 《삼국사기》를 지으며 임금에게 올린 글에서 "옛 기록은 문장이 거칠고 졸렬하며 사적도 빠진 것이 많습니다"라고 했다. 그래서 김부식은 옛 기록에서 "임금과 왕비의 선과 악, 신하의 충성스러움과

《삼국유사》(위)와 《삼국사기》(아래)

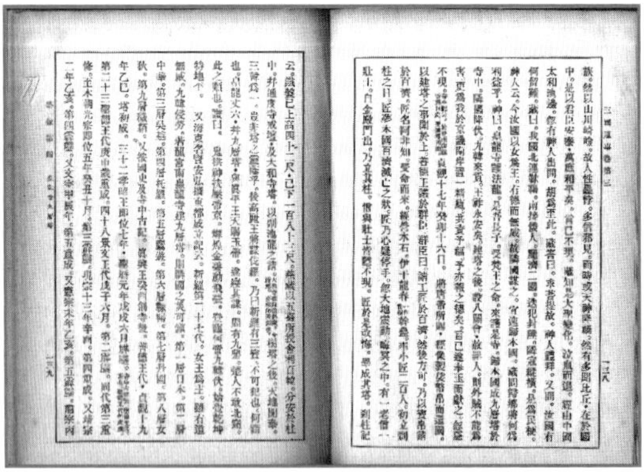

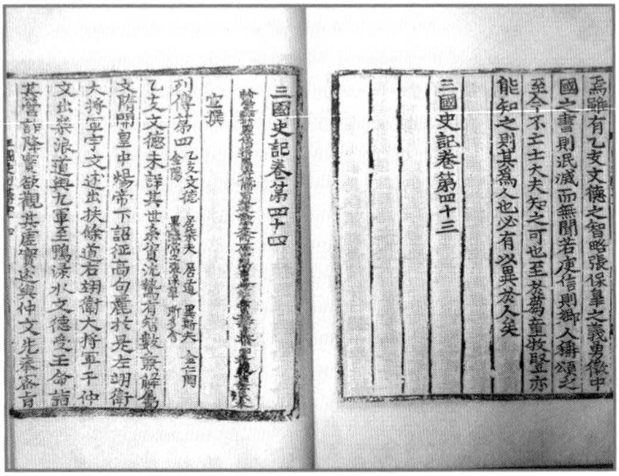
三國史記卷第四十四
列傳第四
乙支文德未詳其世系資沈鷙有智數兼解屬文隋開皇中煬帝下詔征高句麗於是左翊衛大將軍宇文述出扶餘道右翊衛大將軍于仲文出樂浪道與九軍至鴨淥水文德受王命詣其營詐降實欲觀其虛實述與仲文先奉密旨

爲雖有乙支文德之智略張保皐之義勇微中國之書則泯滅而無聞若庾信則鄕人稱頌之至今不亡士大夫知之可也至於蒭童牧豎亦能知之則其爲人也必有以異於人矣
三國史記卷第四十三

사악함, 나라의 안정과 위태로움, 백성의 도리"와 관련 없는 내용을 삭제해버렸다. "공자께서는 괴력난신(怪力亂神)을 말하지 않았다"는 유학적 역사관에 따라 옛글에 나타난 신비로운 일, 신기한 일, 괴이한 일을 기록에서 제외했다. 원효 대사의 아들 설총이 창안하여 널리 사용되었던 이두문자로 기록된 것들은 '거칠고 졸렬한 문장'이라 하여 기록하지 않거나 문장을 바꾸어버렸다.

하지만 일연의 생각은 달랐다. 나라가 처음 생겨날 때 신비로운 일, 신기한 일, 괴이한 일이 있는 것은 당연하다고 생각했다. 그래서 단군신화, 고구려의 건국신화인 주몽신화, 신라의 건국신화인 박혁거세신화 등을 다루는 것부터 시작했다. 이두문자로 쓰인 기록을 살리고 향찰(鄕札)로 쓰인 향가를 기록했다.

김부식과 일연의 생각 차이는 시대의 변화를 반영하는 것이었다. 고려 전기에는 중국의 문화를 모방하자는 '모화주의(慕華主義)'가 지배적이었다. 그러나 무신란이 일어나 고려 전기의 문벌귀족 세력이 타파되고 새로운 세력들이 등장하면서 고려 후기가 시작되었다. 새로운 세력들은 우리나라의 독자적 문화에 관심을 기울였다. 여기에 몽골의 침략을 받으면서 민족적 각성이 더해졌다. 《삼국유사》는 이런 시대적 배경에서 탄생한 대표적 저작이다.

경상북도 군위시의 인각사에 보각국사비가 남아 있어 일연의 생애와 저작에 대해 개략적으로 알 수 있다. 일연은 경상북도 장산군(오늘날의 경산)에서 태어났다. 어렸을 때 이름은 김견명이라고 했다. 열네 살 때 설악산 진전사에서 출가했다. 마흔네 살 때 경상남도 남해의 정림사 주지가 되었고 일흔여덟 살 때 국사(國師)가 되었다. 일연은 지눌(知訥)이 일으킨 불교 개혁 운동에도 적극적으로 참여했다. 그리고 전국을 돌아다니면서 흩어져 있던 자료를 모으고 백성들 사이에 입에서 입으로 전해지던 수많은 이야기를 수집했다. 일흔여섯 살 때인 1281년경 《삼국유사》를 편찬한 것으로 추정되는데, 《삼국유사》가 공식적으로 간행된 것은 1310년경이었다. 보각국사비에는 일연이 저술한 책들이 소개되어 있지만 《삼국유사》는 빠져 있다. 그러나 일연의 이름이 오늘날까지 빛나는 이유는 오직 《삼국유사》 때문이다.

민족적 각성이 낳은 책

《삼국유사》는 어떤 책인가? 당대에는 역사서, 승려들의 행적을 기록한 '고승전', 민간의 설화를 모은 설화집이 구분되어 있었다. 그러나 《삼국유사》는 이 세 가지를 한데 모아놓은 별난 책이다. 일연이 이런 별난 책을 쓸 수 있었던 배경에는 민족적 각성이 놓여 있었다.

일연의 나이 스물여섯 살 때인 1231년에 몽골이 고려를 침입해왔다. 이후 몽골은 일곱 차례에 걸쳐 고려를 침략했고, 고려가 조건부 항복을 하여 몽골의 간섭을 받아들임으로써 전쟁이 끝났다. 거의 30년에 가까운 전쟁으로 국토는 유린되었고 백성의 삶은 피폐해졌다. 무엇보다 몽골의 침략과 간섭은 민족적으로 대단히 수치스러운 일이었다. 그래서 지식인들 사이에 민족적 각성이 일어났다.

일연은 전쟁 중에도 전국을 돌며 우리나라 고유의 역사와 문화가 담긴 자료를 모았다. 그리고 백성들의 입에서 입으로 전해져오던 이야기를 기록했다. 헤로도토스와 사마천이 역사서를 쓰기 위해 방대한 자료를 모았던 노력과 흡사했다. 일연은 보고 듣고 모은 자료를 그대로 글로 옮겼다. 서로 상반된 얘기일지라도 모두 기록했다. 일연은 특별한 체계를 세우지 않고 글을 썼다. 그래서 그때까지 존재하지 않았던 별난 책이 탄생했다.

그러면《삼국유사》에는 어떤 내용이 담겨 있을까?《삼국유사》가 없었다면 알 수 없었을 이야기를 몇 개 보도록 하자.

옛날 환인의 서자 환웅이 인간 세상에 뜻을 두었다. 환인이 이를 알고 삼위태백을 내려다보니 널리 인간을 이롭게 할 만했다. 이에 환인은 천부인 세 개를 환웅에게 주어 인간 세상을 다스리게 했다. 환웅은 삼천의 무리를 이끌고 태백산 신단수에 내려와 신시를 열었다. 그가 바로 환웅천왕이다. 환웅천왕은 풍백, 우사, 운사를 거느리고 곡식, 수명, 질병, 형벌, 선악 등 인간의 360가지 일을 주관하여 세상을 다스렸다. 이때 같은 굴에 살던 호랑이 한 마리와 곰 한 마리가 환웅에게 사람 되기를 빌었다. 환웅이 신령스러운 쑥 한 줌과 마늘 스무 개를 주며 말하기를 "너희들이 이것을 먹고 백일 동안 햇빛을 보지 않으면 곧 사람이 될 것이다"라고 했다. 이에 곰과 호랑이가 이것을 받아먹고 삼칠일을 지키니 곰은 여자의 몸이 되었으나 호랑이는 지키지 못했다. 웅녀는 혼인해서 같이 살 사람이 없으므로 날마다 단

수 밀에서 아이 갖기를 빌었다. 환웅이 잠시 사람으로 변하여 웅녀와 혼인하여 아들을 낳으니 바로 단군왕검이다.

– 《삼국유사》 〈기이〉 제1 중에서

단군신화다. 일연은 《삼국유사》의 첫머리에 단군신화를 실었다. 일연은 '고기(古記)'를 인용한다고 했다. '고기'가 어떤 책인지 알 수는 없지만 '고기'의 저자는 구전되던 단군신화를 기록해놓았을 것이다.

일연은 단군신화를 통해 우리나라의 역사가 매우 오래되었음을 보여주고자 했다. 단군이 고조선을 개국한 시기가 중국의 요임금 때라고 했다. 중국에서 최초로 국가가 성립한 시기와 불과 50년밖에 차이가 나지 않는다는 것이다. 우리나라 역사가 오래되었으니 자부심을 갖고 몽골의 침략과 간섭에 맞서자고 주장한 것이라고 해석하면 일연이 《삼국유사》를 단군신화로 시작한 이유를 제대로 이해한 것이다.

일연이 기록한 우리나라의 기원은 조선시대에도 그대로 받아들여져 조선의 대표적 역사서인 《동국통감(東國通鑑)》에 반영되었다. 오늘날에도 우리는 기원전 2333년에 단군이 고조선을 개국한 날인 10월 3일을 개천절이라 하여 기념하고 있다.

상상력의 자극제

《삼국유사》에는 향가 14수가 실려 있다. 향가는 삼국시대 말부터 고려 초까지 존재하던 우리 고유의 시다. 향가는 향찰과 이두로 표현되는데, 이는 한자의 음과 훈을 이용한 것이다. 향가의 하나인 〈처용가(處容歌)〉를 보자.

서울 밝은 달 아래 밤늦도록 놀다가
들어와 자리를 보니 가랑이가 넷이구나
둘은 내 아내 것인데 둘은 누구 것인가
본디 내 아내이지만 뺏겼으니 어찌할까 – 《삼국유사》〈기이〉 제2 중에서

처용은 본래 동해 용의 일곱 아들 중 하나라고 했다. 다른 나라에서 온 외국인이라는 얘기다. 신라 헌강왕은 처용을 환대하여 아름다운 처녀와 결혼하게 했다. 처용 이야기는 당시 국제적, 문화적 교류 상황을 보여준다. 민간에서는 처용의 모습을 문에 붙여 나쁜 귀신을 물리쳤다. 이 풍습은 조선시대까지 이어져 섣달그믐에 궁중이나 관아에서는 처용의 가면을 쓰고 잡귀를 쫓는 처용무가 행해졌다. 처용 이야기를 읽으면서 민간신앙이 정치, 경제, 사회를 아우르는 우리 고유의 문화에서 생겨

나 발전했음을 이해한다면 일연이 처용 이야기를 기록한 이유를 제대로 파악한 것이다.

《삼국유사》에는 단군신화를 비롯한 숱한 신화, 설화, 전설들이 실려 있다. 또한 《삼국유사》에 실린 지명, 성씨, 민속, 토속신앙 등은 역사학뿐만 아니라 민속학, 금석학, 고문학 연구의 귀중한 원천이 되고 있다. 특히 이 책에 실려 있는 단군신화나 14수의 향가는 매우 값진 자료다. 또한 〈탑상(塔像)〉 편에 실린 탑, 불상, 사원 건축에 관한 기록은 한국 고대 미술의 주류를 이루는 불교 미술 연구에서 빼놓을 수 없는 자료로서 가치를 갖고 있다.

일찍이 최남선은 "《삼국사기》와 《삼국유사》 중에서 하나를 택하라고 하면 나는 서슴지 않고 후자를 택하리라"고 하여 《삼국유사》의 독창성과 가치를 높이 평가한 바 있다. 그러나 무엇보다 《삼국유사》는 열려 있는 텍스트라는 점에 진정한 가치가 있다. 일연은 다양한 식재료를 제공해주었다. 어떻게 요리하는가는 독자들의 몫이다. 《삼국유사》에 실린 글 한 편을 자기 나름대로 해석하여 글을 쓰면 훌륭한 논문이 된다. 《삼국유사》에 실린 글 한 편을 모티브로 UCC를 만들면 그 누구도 따라 할 수 없는 독창적인 작품이 된다.

일연은 민족적 각성을 바탕으로 수많은 우리 고유의 것을 발굴해냈다. 일연이 발굴한 자료는 우리의 역사인 동시에 우리의 상상력을 자극하는 자극제이기도 하다.

일연은 설화와 자료를 모아 《삼국유사》를 지었다. 설화에는 인간의 바람, 욕망 그리고 행동 등에 관한 다양한 의미가 담겨 있다. 《그리스 로마 신화》에서도 인간의 문제가 중심적인 주제를 이룬다. 다음의 두 글을 읽고 설화와 신화에 담긴 의미를 '현대 세계의 삶'과 연관 지어 생각해보자.

◆ ◆ ◆

효성왕(孝成王)이 아직 왕이 되기 전에 어진 선비 신충(信忠)과 함께 궁전 잣나무 밑에서 바둑을 두며 말했다. "뒷날 내가 만약 그대를 잊는다면 나는 이 잣나무와 다를 바 없으리라." 신충이 일어나 절했다. 몇 달 뒤에 왕이 즉위해 공신들에게 상을 내렸으나 신충을 잊어버리고 상을 받는 이들에서 빠뜨렸다. 신충이 원망하면서 노래를 지어 잣나무에 붙이자 잣나무가 갑자기 누렇게 말라버렸다. 왕이 괴이하게 여겨 사람을 시켜 살펴보게 했더니, 신하들이 그 잣나무에서 노래를 발견해 왕께 바쳤다. 왕이 크게 놀라 말했다. "정사(政事)에 골몰하다 보니 옛 맹세를 거의 잊을 뻔했구나." 왕이 곧 신충을 불러 벼슬과 녹을 내리자 잣나무가 다시 살아났다.

– 일연, 《삼국유사》 중에서

◆ ◆ ◆

◆ ◆ ◆

나르키소스의 관심을 끌려다 하릴없이 소박만 맞은 요정이 신들에게 나르키소스에게도 사랑이 무엇인지 알게 하고 사랑의 보답을 받지 못하는 것이 얼마나 비참한 일인가를 깨닫게 해달라고 기도했다. 복수의 여신 네메시스가 이를 듣고 그 요정의 기도를 들어주었다. 그 산속에 아주 물이 맑은 샘이 하나 있었다. …… 어느 날 사냥에 지친 나르키소스가 그 샘으로 왔다. 나르키소스는 물을 마시려다 수면에 비친 자신의 모습을 보았다. 나르키소스는 넋을 잃고 수면에 비친 이의 빛나는 눈, 디오니소스 같은 머리카락, 상아처럼 흰 목, 조금 벌어진 입술, 그리고 활력이 넘치는 온몸을 정신없이 내려다보았다. 나르키소스는 자신의 모습에 반하고 말았다. 그는 그 그림자에 입을 맞추려고 입술을 가까이 가져갔다. 그리고 그 사랑스러운 몸을 끌어안으려고 두 팔을 물속에 담갔다. 그러나 그 모습은 달아났다가 잠시 후면 다시 나타나 그의 가슴에 불을 질렀다. 나르키소스는 그곳을 떠날 수 없었다. 나르키소스는 먹는 것도 자는 것도 잊고 샘 주변을 방황하면서 수면에 비친 자기의 모습만 바라보았다.

– 《그리스 로마 신화》 중에서

◆ ◆ ◆

4

역사란 아(我)와 비아(非我)의 투쟁이다

신채호 《조선상고사》

서울대 사상고전 100선에 선정된 핵심 포인트

신채호가 1931년부터 〈조선일보〉 학예란에 연재했던 것으로, 1948년에 단행본으로 간행되었다. 신채호는 이 책에서 과거 유학자들의 역사 서술과 일제의 식민사관을 비판하면서 새로운 민족주의사관에 입각하여 단군시대로부터 백제 멸망과 그 부흥운동까지의 한국 고대사를 "아와 비아의 투쟁"이라는 관점에서 서술했다. 20세기 전반기의 민족주의사학을 대표하는 저술이다. – 권태억 서울대학교 국사학과 교수

내 위장이 왜놈 고기는 받아주지 않는다

신채호(申采浩, 1880~1936)는 최남선이 초안한 독립선언서를 찢어버린다. 신채호가 보기에 독립선언서의 내용은 불과 몇 년짜리 운동에 불과했다. 신채호는 평화운동이나 외교론이 아닌 일제와의 투쟁만이 독립의 길이라고 굳게 믿고 있었다.

일제에 대한 신채호의 증오는 대단했다. 신채호는 중국에 망명 중일 때 친구와 함께 음식점에 간 일이 있었다. 신채호 일행은 맛이 좋은 음식을 먹으며 배달하는 소년에게 어디 음식인지를 물었다. 소년은 동양어라는 것으로 일본에서 가져온 고기라고 했다. 신채호는 노발대발하며 화장실로 달려가 먹은 음식을 토해냈다. 그리고 "내 위장이 왜놈 고기는 좀처럼 받아주지 않는다"고 말했다. 그런 신채호에게 역사를 바로 세운다는 것은 단지 과거의 일을 끄집어내는 것이 아니었다. 역사에서 중요한 것은 과거가 아니라 현재다. 신채호는 암울했던 일제강점기 조선의 역사를 바로 세워 민족을 일으켜 세우려 했다. 안재홍이 쓴 《조선상고사(朝鮮上古史)》 서문을 보자.

약관(弱冠) 스물의 나이에 신채호는 사상 혁명과 새로운 도덕을 세울 뜻을 가졌다. 청나라와 러시아, 일본이 서로 침략하여 5000년 조국의 명맥이 위태하고 백성이 도탄에 빠져 있을 그때 서울의 평단에 나서 북받쳐 억누를 수 없는 서늘한 열정을 붓 한 자루로 사회에 드러내 민족의 심장을 쳐 움직였다. …… 신채호가 생각한 것은 단 한 가지, 첫째는 조국의 재건이었고 둘째는 그것에 미치지 못한다면 조국의 민족사를 올바로 세움으로써 민족 정기가 면면히 이어져 자유 독립의 그날을 맞는 것이었다.

민족에게 역사가 있다면 개인에게도 역사가 있다. 개인의 역사를 바로 세우는 것은 내 아들딸에게 새로운 가치를 부여하는 것이다. 맹자(孟子)는 "공자가 《춘추》를 저술하자 나라를 어지럽히는 신하와 아비를 해하는 아들인 난신적자(亂臣賊子)가 두려워했다"고 말했다. 지금의 나는 나로 끝나지 않는다. 나는 위로부터 물려져 아래로 이어주는 역사의 고리다. 신채호가 살았던 그때는 참혹했다. 그래서 신채호는 《조선상고사》로 위를 밝혀 그때를 일으키려 했던 것이다.

신채호는 충청남도 대덕군에서 태어났다. 일곱 살 때 아버지를 여의고 할아버지로부터 유학을 배웠다. 그의 재주를 아낀 사람들의 천거로 열아홉 살 때 성균관에 입학했다. 신채호는 성균관에 입학하면서 당시 활성화되고 있던 서재필 등의 독립협회 운동을 접하고 곧바로 독립협회에 가입하여 열성적으로 활동했다. 신채호는 만민공동회 사건으로 처음 투옥되고 나서 더욱 열심히 애국계몽 운동에 뛰어들었다.

신채호는 1910년에 일본이 조선을 강제 합병하자 만주로 망명했다. 만주와 블라디보스토크를 돌아다니며 독립운동에 헌신하는 가운데 역사 연구를 게을리하지 않았다. 1919년에 상하이임시정부 수립에 참여했지만 미국의 위임통치를 청원하는 행각을 일삼은 이승만을 국무총리로 추대하려 하자 이에 적극 반대하며 임시정부를 탈퇴했다. 임시정부를 민족주의자가 아닌 친미 사대주의자인 이승만이 주도하는 것을 도저히 묵과할 수 없었던 것이다. 신채호는 1928년에 독립운동 자금을 마련하기 위해 위조지폐를 만들다가 일본 경찰에 체포되어 10년형을 언도받고 여순 형무소에 수감되었다. 신채호는 일본 경찰의 고문과 혹독한 형무소 생활에 병을 얻어 1936년 2월 한 많은 일생을 마감했다.

《조선상고사》는 1925년 이전에 저술한 것으로 1931년에 〈조선일보〉에 연재되다가 해방 이후인 1948년에 단행본으로 간행되었다. 《조선상고사》는 '총론'을 포함해서 모두 12편의 글로 이루어져 있다.

상대적 세계관을 제시하다

신채호는 역사를 어떻게 인식하고 있었을까? 《조선상고사》 '총론'은 신채호의 역사관을 압축적으로 보여주는 글로서 지금도 많은 사람이 애독하고 있는 훌륭한 글이다.

역사란 무엇이뇨? 인류 사회의 '아'와 '비아'의 투쟁이 시간부터 발전하며 공간부터 확대하는 심적(心的) 활동의 상태의 기록이니, 세계사라 하면 세계 인류의 그리 되어온 상태의 기록이며, 조선사라면 조선 민족의 그리 되어온 상태의 기록이니라.

무엇을 '아'라 하며 무엇을 '비아'라 하느뇨? 깊이 팔 것 없이 얕게 말하자면 무릇 주관적 위치에 선 자를 '아'라 하고 그 외에는 '비아'라고 하나니, 이를테면 조선인은 조선을 '아'라 하고 영국, 러시아 등을 '비아'라고 하지만 영국, 미국 등은 각기 제 나라를 '아'라 하고 조선을 '비아'라 하며 …… 그 밖에 무엇이든지 반드시 본위인 아가 있으면, 따라서 아와 대치하는 비아가 있고, 아 중에 아와 비아가 있으면 비아 중에도 또 아와 비아가 있어, 그리하여 아에 대한 비아의 접촉이 번극(煩劇)할수록 비아에 대한 아의 탈투가 더욱 맹렬하여 인류 사회의 활동이 휴식될 사이가 없으며 역사의 전도가 완결될 날이 없나니, 그러므로 역사는 아와 비아의 투쟁의 기록이니라.

역사란 아와 비아의 투쟁이라고 했다. 아란 무엇인가? 자신이 속한 쪽이 아이고 그렇지 않은 쪽이 비아다. 신채호는 이렇듯 자아를 중시했다. 국권 상실은 자아의 상실이다. 상실된 자아를 찾는 것이 시대적 과제다. 자아는 비아가 있음으로 비로소 자아가 된다. 자아는 비아와 맞서는 투쟁을 통해서 자신을 드러내고 자신의 본모습을 회복하게 된다. 식민지 현실을 타파하고자 하는 독립운동가의 시대적 요구가 역사관으로 표현된 것이다.

신채호는 자신의 역사관을 조선의 역사에 대한 연구에만 적용하지 않았다. 신채호는 세계의 역사 역시 아와 비아의 투쟁 기록이라고 했다. 그럼으로써 신채호는 자기중심적 독단에 빠지지 않을 길을 열어주었다. 조선의 입장에서 보면 조선이 아이고 외국이 비아다. 외국의 입장에서 보면 외국이 아이고 조선이 비아다. 상대적 세계관의 제시였다.

《조선상고사》 '총론'에서 신채호는 역사를 쓸 때 가져야 할 자세에 대해 이렇게 말한다.

> 역사는 역사를 위해 쓸 뿐, 다른 목적을 위해 쓰지 않는다. 말하자면 사회가 변화하고 움직이는 상태와 그에 따라 일어나는 사실을 객관적으로 쓴 것이 역사다. 저작자의 목적에 따라 그 사실을 바꾸고 고치고 덧붙이는 것이 아니다. 만일 화가가 초상화를 그릴 때 연개소문을 그린다면 크고 준수한 연개소문을 그려야 하고 강감찬을 그린다면 작은 몸에 못생긴 강감찬을 그려야 한다. 만일 한쪽을 드러내고 한쪽을 억압하려는 마음에 그 얼굴을 바꾼다면 화가는 자신의 일을 망각한 것이며 다른 얼굴을 그린 것이다.

역사 서술에서 자기 독단은 용납되지 않는다. 신채호가 역사를 연구한 이유도 여기에 있다. 역사를 왜곡해서 그 왜곡이 민족의 신음이 되었기에 신채호는 역사를 연구하고 역사를 썼다.

낭가 사상이 끊어지다

신채호는 우리 민족을 협소하게 바라보지 않았다. 우리 역사의 무대가 넓어지는 것처럼 우리 민족도 확장된다. 특히 신채호는 흉노족에 관심을 기울였다.

《사기》〈흉노전(匈奴傳)〉에 보면 흉노도 조선과 같이 5월에 제천의 례를 거행하고 구리로 된 사람 모습의 천제(天帝)를 만들어 그것을 '휴도(休屠)'라고 이르니 이는 '수두'의 음역이다. 휴도의 제사장을 휴도왕이라 이르니 이는 단군의 뜻과 비슷하다. …… 고대의 종교와 정치는 분리되지 않아 종교의 제사장이 곧 정치의 군장이 되니 종교가 다다른 곳이 정치적으로 속한 곳이 된다. 단군 이래 조선의 교화가 중국, 흉노 등의 여러 민족에 전해졌으니 강토의 구역이 광대함을 알 수 있다.

《삼국사기》에 말갈족이 수없이 등장한다. 《삼국유사》에는 한반도와 만주 일대에 살았던 여러 민족과 종족이 소개되어 있다. 오늘날 우리는 그 민족들과 우리 민족의 관계에 대해 제대로 연구하지 않는다. 단일민족, 단일국가라는 신화가 우리를 지배하고 있기 때문이다. 고구려는 우리 민족과 말갈족이 함께 어울려 살았던 다민족국가이고, 발해는 말갈족이 다수인 다민족국가였다. 신채호는 우리 민족과 흉노족이 어울려 살았음을 보여주었다. 그래서 신채호의 연구는 오늘날 다민족 사회로 급속히 변화하고 있는 우리나라에 시사점을 던져준다.

신채호는 민족주의자였다. 그렇지만 국수적 민족주의자가 아니라 열린 민족주의자였다. 민족의 지평을 넓히는 일이 결코 과거 우리의 영토가 넓었음을 자랑하려는 것일 수 없다. 오히려 우리가 수많은 민족, 종족과 어울려 살아왔음을 인식하는 일이다. 따라서 우리를 알게 모르게 옥죄고 있는 단일민족, 단일국가의 신화를 극복하는 일이기도 하다.

신채호는 단군조선, 부여, 고구려로 이어지는 역사의 본류를 강조하고 신라에 의한 삼국통일을 비판했다. 고구려가 삼국통일을 했다면 우리 영토는 더 넓었을 것이라는 국수주의적 사고방식 때문에 신채호가 고구려를 강조한 것이 아니다. 신채호는 우리 민족정신의 원류를 낭가(郎家) 사상에서 찾았다. 낭가 사상이란 주체적으로 삶을 개척하는 진취적인 사상을 말한다. 신채호는 낭가 사상이 신라의 삼국통일로 끊어졌음을 한탄한 것이다.

신채호는 역사를 기록하는 사관(史官)이 자신들에게 유리하도록 사실을 변조할 수 있다는 점을 주장했다. 독일의 사회학자 베버(Max Weber)는 학문 연구에서 가치중립성, 즉 객관성을 강조했다. 두 사람의 글을 읽고 '역사 서술에서 주관성과 객관성의 문제'를 생각해보자.

◆ ◆ ◆

왕건이 궁예의 은총을 받아 대병(大兵)을 맡게 되자 드디어 궁예를 쫓아내 객사(客死)하게 했다. 그러나 왕건은 신하가 임금을 살해했다는 '이신시군(以臣弑君)'의 죄를 싫어하여 전력을 기울여 궁예를 죽이지 않으면 안 될 죄를 만들어냈다. 고려의 사관은 "궁예는 신라 헌안왕의 자식인데, 왕은 그의 생일이 5월 5일임을 미워하여 내다버렸다. 이를 원망한 궁예가 군사를 일으켜 신라를 쳐서 멸망시키려 했는데 그는 어느 절에서 벽에 그려져 있는 헌안왕의 초상화까지 칼로 쳤다"고 했다. …… 만약 사관의 말이 맞는다면 궁예가 비록 헌안왕의 아들이라 하더라도 그가 태어난 날 누대 위에서 죽으라고 던진 날부터 이미 아버지와 관계가 끊어진 것이니, 궁예가 헌안왕의 몸에 직접 칼질을 하더라도 아버지를 죽인 죄가 될 수 없을 터인데, 왕의 초상화를 치고 문란한 신라를 혁명하려고 한 것이 무슨 큰 죄나 논란거리가 되겠는가. 그렇지만 고대의 좁은 윤리관으로는 헌안왕의 초상화를 칼로 친 일과 신라를 치려 한 일만으로도 궁예가 죽을죄를 지은 것이니, 궁예를 죽이지 못할 이유가 어디에 있겠는가. 그래서 왕건은 살아서 고려를 통치하고 죽어서 태조 문성의 시호를 받은 일에 대해 추호도 부끄러울 게 없게 된 것이다. 이것이 고려의 사관이 구태여 세달사(世達寺)의 일개 걸승(乞僧)이던 궁예를 가져다가 고귀한 신라 황궁의 왕자를 만든 이유일 것으로 생각한다.

– 신채호, 《조선상고사》 중에서

◆ ◆ ◆

개인의 가치판단이 학문적 주장에 영향을 미치는 것은 분명하다. 그로 인해 끊임없이 혼동이 일어나고, 심지어 간단한 인과관계를 확정하는 것에까지 과학적 주장에 다양한 해석들이 개입되기에 이르렀다. …… 우리가 해결해야 할 현실 문제에 대한 규범적 가치의 공감대를 만드는 것은 경험적 학문의 과제가 될 수 없다. 경험적 분석에 근거하여 특정한 문화적 가치를 바람직한 규범으로 도출하는 일은 불가능하다. …… 지식의 나무를 먹고 자라는 시대에 세상에 대한 분석 결과로부터 세상의 의미에 대해 아무것도 배울 수 없다. 경험적 지식이 늘어난다고 인생과 세상에 대한 보편적인 가치판단이 등장한다고 할 수 없다. 우리는 인생과 세상에 대한 보편타당한 견해가 경험적 지식의 축적 결과로 생겨나는 것이 아니라는 사실을 인정해야 한다. 경험적 지식과 가치판단을 구별할 수 있는 능력, 그리고 사실에 근거한 진실을 추구하는 과학적 의무의 실행이 우리가 해야 할 바다.

– 베버, 《사회과학 연구에서의 가치중립성》 중에서

◆ ◆ ◆

5

인간은 자신이 만든 것만 안다

비코 《신학문의 원리》

서울대 사상고전 100선에 선정된 핵심 포인트

근세 초기 데카르트의 수학에 입각한 학문의 이념에 대해 동시대의 이탈리아인인 비코는 역사의 내적 법칙의 인식 가능성을 주장하면서 역사과학의 확립을 제창하고 있다. 인간과 각 민족들의 정신이 구조적인 친연성을 가진다는 가정에 입각하여 역사의 이해와 그 해석에 관한 이론을 제시하는 이 책은 고대 수사학 전통의 근대적 부활이며, 이후 크로체나 독일 낭만주의를 거쳐 현대의 가다머(Hans-Georg Gadamer)에 이어지는 인문학 이론의 전통에 강력한 영향을 주고 있다.

– 김남두 서울대학교 석좌교수

시대를 앞질러 달린 석학

다윈은 자연의 기술의 역사, 즉 동식물의 생활을 위한 생산도구로서 동식물 기관의 형성에 관심을 기울였지만 본래적인 의미에서 기술의 역사, 바꾸어 말하자면 사회적 인간의 생산적 기관들의 형성사도 똑같은 주의를 기울일 가치가 있는 것은 아닐까. 게다가 이 형성사 쪽이 한층 더 용이하게 제공될 수 있는 것이 아닐까. 왜냐하면 비코도 말하고 있듯이 인간의 역사가 자연의 역사와 구별되는 것은 전자는 우리가 만든 것이지만 후자는 그렇지 않다는 점에 있기 때문이다.

카를 마르크스(Karl Marx)는 《자본론(Das Kapital)》에서 비코(Giambattista Vico, 1668~1744)를 인용하며 비코가 인간의 역사를 자연의 역사와 분리한 점을 높게 평가했다. 비코는 마르크스도 지적하듯이 자연과 사회를 엄격히 구분했다. 자연은 신이 만든 것이고, 사회는 인간이 만든 것이기 때문이다.

비코는 자연과 사회를 구분함으로써 '새로운 학문'의 길을 열었다. 유럽의 중세시대에는 모든 것이 신의 계시라고 생각했다. 따라서 자연과 사회를 구분하는 일은 의미 없는 것이었다. 이에 반발하여 베이컨(Francis Bacon), 데카르트(René Descartes) 등은 자연과 사회에 관한 진리

비코(왼쪽)와 마르크스(오른쪽)

를 찾으려고 했다. 즉 신의 계시가 아닌 방법으로 진리를 발견하려고 했던 것이다. 베이컨은 실험과 관찰의 방법을, 데카르트는 명증한 명제에서의 연역적 추론의 방법을 제시했다.

하지만 비코의 생각은 달랐다. 비코는 '지식=만들어진 것'이라고 했다. 자연은 신이 만든 것이므로 신만이 자연에 관한 진리를 알 수 있다. 그러므로 인간이 자연에 대해 알 수 있는 것은 개연성에 불과하다. 즉 인간이 자연에 대해 깊이 깨닫는다 해도 한계가 있을 수밖에 없다. 반면 사회는 인간이 만든 것이다. 그러므로 인간은 사회에 대한 진리를 깨달을 수 있다. 그래서 비코는 사회를 연구하는 '새로운 학문'을 하자고 했다.

비코는 이탈리아 나폴리에서 태어났다. 비코는 바톨라의 후작 로카의 두 아들을 가르치기 위해 가정교사로 지낸 몇 년간을 제외하고는 고향을 떠난 적이 없었다. 비코는 나폴리 대학교의 법학 교수가 되고 싶어 했지만 뜻을 이루지 못하고, 평생 나폴리 대학교의 수사학 강사로 지냈다. 비코는 베이컨에게서 철학과 역사에 대해 사사를 받고 그로티우스(Hugo Grotius)에게서 법률학 연구의 단서를 얻는 등 두 사람으로부터 큰 영향을 받았다고 한다.

《신학문의 원리(Principi di una Scienza Nuova d'intorno alla commune natura delle nazioni)》는 1725년에 출판되었다. 이 책의 원제목은 '민족들에게 공통된 자연 본성에 대한 새로운 학문의 원리'다. 본래 비코는 당시 추앙받던 사상가들, 예를 들면 그로티우스, 홉스(Thomas Hobbes), 로크(John Locke) 등에 대한 비판을 담은 글을 썼다. 그러나 출판 지원을 약속했던 코르시니 추기경이 약속을 어기는 바람에 자신의 재산을 팔아 출판하지 않으면 안 되게 되었다. 그렇지만 자신의 재산으로는 책 전체 분량의 4분의 1밖에 출판할 수 없었다. 어쩔 수 없이 비코는 책 분량을 4분의 1로 줄여서 출판했다.

비코의 동시대 사람들은 《신학문의 원리》에 동의하지 않았다. 그런데 19세기에 들어서면서 상황이 달라졌다. 《신학문의 원리》가 프랑스어, 독일어로 번역되었고 고향인 나폴리에서도 '비코 붐'이 일어났다. 그래서 이탈리아 철학자 크로체(Benedetto Croce)는 비코를 가리켜 "19세기 태동기 사체"라고 했다. 또한 영국의 역사학자 콜링우드(Robin George

Collingwood)는 "즉시 영향을 미치기에는 너무나 시대를 앞질러 달린 석학"이라고 비코를 평가했다. 자연과 사회를 구분하자는 비코의 주장이 19세기에 이르러서야 사회학, 역사학 등에 영향을 미치기 시작했기 때문이다.

인간의 방법으로 자연을 알 수 없다

비코는 데카르트의 철학에 대단히 비판적이었다. 데카르트는 증명할 필요가 없는 명확한 진리로부터 출발하여 엄밀한 연역 규칙에 의해 결론으로 나아가야 한다고 주장했다. 데카르트에게 증명할 필요가 없는 명확한 진리는 수학이었다. 따라서 데카르트는 명증한 진리가 없는 역사학과 인문학을 잡다한 정보를 모아놓은 것이라고 보았다. 그래서 역사학과 인문학에 한두 시간쯤 할애하는 것은 무방하지만 신중한 사람이라면 그것들을 일생의 연구와 사색의 대상으로 삼아서는 안 된다고 했다.

비코는 이런 데카르트의 주장을 정면으로 반박했다. 비코는 수학적 지식이 전적으로 타당하고 수학적 명제들이 확실하다는 것을 인정한다. 그러나 비코는 "우리가 기하학을 증명하는 것은 우리가 기하학을 만들었기 때문이다"라고 주장한다. 그래서 비코는 《이탈리아인 태고의 지혜》에서 기하학적 방법으로는 자연을 완벽하게 이해할 수 없다고 주장했다.

> 기하학적 방법을 통해 얻은 진리는 물리학에 대한 참된 진리가 아니라 개연성에 불과한 것이다. 물리학의 원리를 알기 위해 필요한 방법은 기하학이지만 기하학적 방법에서 도출된 물리학의 진리는 기하학의 공리처럼 확실하게 증명되는 것이 아니다. 우리가 기하학의 명제를 증명할 수 있는 이유는 우리가 그 명제를 만들었기 때문이다. 만약 우리가 물리학의 명제를 증명할 수 있다면 우리는 무에서 물리학의 명제를 만든 것이 된다.

물리학의 대상인 자연을 우리가 만들었어야 자연을 알 수 있을 것이라는 말이다. 그러나 우리는 자연을 만들지 않았다. 자연은 신이 만든 것이다. 따라서 신만이 자연에 대한 진리를 알고 있다. 우리가 자연에 대해 아는 것은 우리가 만든 명제로 증명해낼 수 있는 것에 불과하다. 그러므로 인간은 아무리 노력해도 자연의 내밀한 부분까지 알아낼 수 없다.

비코는 세계를 실재의 세계와 가상의 세계로 구분한다. 신이 만든 자연은 실재의 세계다. 인간이 만든 수학은 가상의 세계다. 신은 실재 세계의 왕이고 인간은 가상 세계의 왕이다. 왜냐하면 실재 세계는 신이 만든 것이고 가상 세계는 인간이 만든 것이기 때문이다. 따라서 우리가 실재 세계를 추구하는 과정에서 유일한 진리이자 유일한 길은 신으로 향하는 것일 뿐이다. 이러한 비코의 철학은 플라톤의 철학으로부터 강한 영향을 받았다. 플라톤은 이데아를 설정하여 이데아의 세계만이 실재 세계이고, 우리가 사는 세계는 가상의 세계에 불과하다고 주장했었다.

인간은 자연의 진리를 완벽하게 알 수 없다. 그렇다면 인간은 무엇에 대한 진리를 추구해야 할까? 비코의 답은 간단하다. 인간이 만든 것에 대한 진리를 추구하면 된다. 인간이 만들었으므로 인간이 알 수 있기 때문이다. 그래서 비코는 데카르트가 잡다한 정보의 무더기에 불과하다고 말했던 역사학과 인문학을 연구하자고 했다.

민족은 단계적 발전을 해왔다

비코는 인간이 만든 세계인 '사회'에 주목한다. 《신학문의 원리》에서 다음과 같이 말했다.

> 태고의 암흑 속에서 의심할 여지없는 영원불멸할 진리의 빛이 하나 빛나고 있다. 사회라는 세계는 분명히 인간이 만든 것이다. 따라서 사회에 관한 여러 원리는 우리 마음의 여러 형태 안에서 찾아낼 수

있는 진리다. …… 기하학이 여러 요소로 양(量)의 세계를 구성하여 연구하는 경우 기하학은 그 세계를 만들어낸 것이 된다. 마찬가지로 새로운 학문은 여러 민족의 세계를 만들어낸다. 그리고 인간 행위에 관한 여러 원리가 점이나 선 그리고 도형과 같은 기하학의 원리보다 실재적이므로 새로운 학문의 실재성이 기하학보다 훨씬 크다.

비코는 여러 민족이 걸어온 길을 연구했다. 민족의 역사에서 신적 원리가 역사적 법칙의 기원이 된다. 그렇지만 역사 그 자체에 내재한 고유한 법칙이 있다. 민족은 그 법칙에 따라 발전해왔다. 인간이 유년기, 청년기, 성년기를 거치며 성장하듯이 민족은 신의 시대, 영웅의 시대, 인간의 시대를 거치며 발전해왔다.

신의 시대는 가부장들이 통치한 시대다. 가부장들은 연합하여 방랑하는 약탈자 무리와 대항해야 했다. 그리하여 최초로 공동 정착지가 만들어졌다. 힘센 자들의 폭력이 두려운 연약한 자들은 가부장들이 연합한 울타리 안으로 들어와 보호를 요청했다. 이렇게 하여 노예계급이 생겨났다. 따라서 최초의 사회는 가부장들이 연합하여 통치하는 소규모 과두체제였다. 가부장들은 엄격한 법으로 여자, 아이, 노예를 다스렸다.

영웅의 시대는 귀족들이 지배했던 시대다. 신의 시대 가부장들은 처음에는 신중하게 통치했지만 나중에는 권력을 남용하기 시작했다. 그에 따라 사회적 갈등이 생겨났다. 귀족과 평민의 갈등에 노예들의 투쟁이 겹쳐지면서 타협하지 않을 수 없었다. 그래서 귀족과 평민 모두에게 공히 적용될 수 있는 권리들이 규정되었다. 신의 시대에 비해 평민의 지위와 권리가 향상된 것이다.

인간의 시대는 평민의 권리가 더욱 신장된 시대다. 평민들은 여전히 열등한 자신들의 지위에 불만을 가지고 사회적 압력을 행사하며 권리 쟁취를 위한 투쟁을 일으킨다. 귀족들의 정치는 타파되고 민주적 정의의 규칙이 자리를 잡는다.

그런데 인간의 시대에 이르러 개인주의가 극도로 발전하고 신앙심과 통일적인 믿음이 파괴되면서 마침내 국가가 와해되고 '최악의 폭군인 인민의 무제한적인 자유'로 귀결된다. 이런 상태는 강력한 개인이 사회 전체를 장악함으로써 해소되기도 하지만 회복 불능의 무정부 상태에 이르러 다시 야만 상태로 되돌아간다. 그래서 역사는 다시 순환한다.

비코의 역사관은 순환론이다. 그렇지만 비코는 역사가 단계적 발전을 한다고 주장함으로써 역사학 발전에 큰 영향을 미쳤다.

비코는 인간이 자신이 만든 세계만을 인식할 수 있다고 했다. 즉 물리학과 기하학의 법칙으로는 신이 만든 세계인 자연을 이해할 수 없는 반면에 인간이 만든 세계인 사회는 인식할 수 있다는 것이다. 프랑스의 철학자 데카르트는 기하학자들이 사용하는 아주 간단하고 쉬운 논증의 방법을 통해 진리를 인식할 수 있다고 했다. 다음의 두 글을 읽고 두 사람의 생각 차이를 비교해보자.

◆ ◆ ◆

태고의 암흑 속에서 의심할 여지없는 영원불멸할 진리의 빛이 하나 빛나고 있다. 사회라는 세계는 분명히 인간이 만든 것이다. 따라서 사회에 관한 여러 원리는 우리 마음의 여러 형태 안에서 찾아낼 수 있는 진리다. …… 기하학이 여러 요소로 양의 세계를 구성하여 연구하는 경우 기하학은 그 세계를 만들어낸 것이 된다. 마찬가지로 새로운 학문은 여러 민족의 세계를 만들어낸다. 그리고 인간 행위에 관한 여러 원리가 점이나 선 그리고 도형과 같은 기하학의 원리보다 실재적이므로 새로운 학문의 실재성이 기하학보다 훨씬 크다. – 비코, 《신학문의 원리》 중에서

◆ ◆ ◆

◆ ◆ ◆

가장 어려운 증명에 도달하기 위해 기하학자들이 사용하고 있는 아주 간단하고 쉬운 논증에 대해 성찰한 끝에 인간이 알 수 있는 모든 것을 이와 유사한 논리적 방식으로 얻을 수 있다는 생각에 이르게 되었다. 사람들이 진리가 아닌 것을 진리로 보지 않고 논증의 순서를 따르기만 한다면 도달할 수 없는 아주 먼 진리란 없으며, 또 발견하지 못할 만큼 깊이 감추어진 진리도 없다는 것을 알게 되었다. 나는 어디에서부터 시작할 것인가를 찾는 데 별로 어려움을 겪지 않았다. 왜냐하면 가장 간단하고, 가장 알기 쉬운 것부터 시작해야 함을 깨달았기 때문이다. 여러 학문에서 진리를 찾았던 사람들 가운데 수학자들만이 확실하고 분명한 추리와 논증을 발견할 수 있었다는 점을 고려할 때 수학자들이 출발한 지점에서 출발해야 한다는 것을 확신했다. …… 가장 간단한 일반적인 원리에서 출발했으며, 내가 발견한 각각의 진리들은 다른 진리를 발견하기 위한 하나의 규칙이 되었다. 그래서 매우 어려운 것으로 여겼던 여러 난제를 해결하게 되었을 뿐만 아니라 결국에는 미해결의 문제가 어느 정도 풀릴 수 있는지, 그리고 그것을 해결하는 데 어떤 절차를 밟아야 하는지를 결정할 수 있으리라 생각하게 되었다. 주어진 문제에는 하나의 해답만이 있으며, 누가 발견하든 모든 사람이 그것을 알 수 있음을 감안할 때 내 방법이 전혀 헛되어 보이지는 않을 것으로 믿는다. ……이러한 방법이 만족스러웠던 이유는 완벽하지는 않더라도 능력이 미치는 범위 안에서 그 방법을 통해 모든 것에 대해 이성을 사용했다는 점이다.

– 데카르트, 《방법서설(Discours de la méhode)》 중에서

◆ ◆ ◆

2부

역사적 관점의 힘

영화 〈라쇼몽〉은 한 남자가 살해당한 사건을 다룬다. 이 사건을 두고 살해한 자, 살해당한 자, 살해당한 자의 아내, 그리고 사건을 경찰에 신고한 나무꾼이 증언을 한다. 그런데 네 사람의 증언이 각기 달랐다. 하나의 사건을 두고 증언자들이 각기 다른 관점에서 증언한 것이다.

역사적 사실을 바라보는 관점 역시 다양하다. 그래서 역사에는 불가피하게 해석이 뒤따른다. 같은 사실을 놓고 어떤 관점에서 해석하느냐에 따라 전혀 다른 결과가 나온다. 문자로 기록된 것이든 입으로 전해지는 것이든 과거의 사실을 알려주는 모든 자료가 역사적 사실이다. 그렇다고 그 모든 것을 중요한 역사적 사실로 다루지는 않는다. 역사를 해석하는 사람에 따라 역사적 사실은 그 중요도가 달리 취급된다. 역사적 사실은 해석과 연관되어 있다.

2부에서는 역사적 사실과 해석을 주제로 다섯 편의 글을 해설했다. 유성룡의 《징비록》, 황현의 《매천야록》, 박은식의 《한국통사》, 타키투스의 《게르마니아》, 블로크의 《중세 사회》가 그것이다.

유성룡은 임진왜란, 정유재란을 겪으며 외적의 침입을 막지 못한 것을 반성하면서 후대에 경계로 삼기 위해 자료를 모으고 글을 썼다. 물론 유성룡은 역사 연구가가 아니었기 때문에 자료 수집보다는 자신이 들은 얘기를 정리하는 방법을 사용했다. 황현은 기울어가는 나라를 보면서 후대에 경계로 삼기 위해 글을 썼다. 개혁적 유학자의 입장에서 세상을 해석하고 국란에 대처하는 방식을 제시하는 것을 목표로 역사적 사실을 모아 글을 썼다. 박은식은 우리 국민에게 민족의식을 고취하고 독립운동에 나설 것을 촉구하기 위해 글을 썼다. 특히 일본 제국주의자들의 행태를 폭로하기 위해 역사적 사실을 모아 글을 썼다. 타키투스는 고대 로마인들의 도덕적 타락을 경계하기 위해 게르만족과 관련한 역사적 사실을 모아 글을 썼다. 블로크는 서유럽 중세 사회를 총체적으로 보여주기 위해 다양한 역사적 자료는 물론 문학 작품 등도 활용하여 글을 썼다.

역사적 사실이란 거대한 사건만을 의미하지 않는다. 야산에 뒹구는 작은 돌 하나도 역사적 사연이 있다면 역사적 사실이 될 수 있다. 아울러 우리는 역사적 사실을 만들 수 있다. 일기를 써보라. 일기는 개인의 기록에 불과하지만 후대에는 지금의 시대를 이해할 수 있게 해주는 귀중한 역사적 자료가 된다. 그런 면에서 우리는 하루하루 역사적 사실을 만들어가고 있는 셈이다. 그것을 기록하여 역사적 자료로 남기는 것도 우리가 해야 할 일 중의 하나일 것이다.

6

지나간 일을 징계하고 뒷근심이 있을까 삼가노라

유성룡 《징비록》

서울대 사상고전 100선에 선정된 핵심 포인트

유성룡은 선조 대에 활약한 문신으로 정치적으로는 남인에 속했다. 임진왜란이 발발하자 그는 병조판서, 영의정 등의 직책에 있으면서 도체찰사를 겸임하여 군사를 총지휘했다. 《징비록》은 왜란 과정의 수기(手記)와 왕에게 올린 글 및 각종 문서를 모은 것이다. 전란 전의 대일 관계, 전쟁의 진행 상황, 향후의 대비책 등을 포괄적으로 개진하고 있어서 그의 문집인 《서애집(西厓集)》과 함께 임진왜란사 연구에 있어서 필수적으로 살펴보아야 할 자료다.

– 이태진 서울대학교 명예교수

요직을 두루 거친 정치가

이순신의 자는 여해이며 본관은 덕수다. …… 이순신은 활을 잘 쏘아 무과에 급제했다. 그의 조상은 대대로 문관이었는데, 이순신은 무과에 올라 권지훈련원봉사에 임명되었다. 그때 병조판서 김귀영이 서출인 자기 딸을 이순신에게 첩으로 주려 했으나 이순신이 거절했다. 다른 사람이 그 까닭을 묻자 이순신은 이렇게 대답했다. "내가 처음 벼슬길에 올랐는데 어찌 권세 있는 집안에 의지하여 승진하기를 원하겠는가?" …… 이순신은 말과 웃음이 적었고 용모는 단정했으며 항상 몸과 마음을 닦아 선비와 같았다. 그러나 담력과 용기가 뛰어났으며 자신의 몸을 돌보지 않고 나라를 위해 목숨을 바친 행동 또한 평소 자신의 뜻을 드러낸 것이었다. …… 이순신은 뛰어난 재주에도 불구하고 운이 부족해 백 가지 경륜을 하나도 제대로 펴보지 못한 채 죽고 말았으니 참으로 애석한 일이다.

유성룡(柳成龍, 1542~1607)은 《징비록(懲毖錄)》에서 이순신의 이력에 대해 이렇게 썼다. 이순신이 백 가지 경륜을 제대로 펴지 못하고 죽어 몹시 애석하다고 했다. 유성룡과 이순신은 돈독한 관계였다. 임진왜란 중에도 두 사람은 편지를 보내 서로의 안부를 묻곤 했다. 이순신은 《난

중일기(亂中日記)》에 유성룡에 대한 감사의 마음을 여러 차례 기록해놓았다.

유성룡은 경상북도 의성에서 태어났다. 어렸을 때부터 유학 서적을 가까이 했고 스물한 살 때는 이황에게서 성리학을 배웠다. 스물다섯 살 때 문과에 급제한 후 홍문관, 사헌부, 사간원의 요직을 거쳤다. 그리고 경상감사, 예조판서, 형조판서, 대제학, 병조판서, 이조판서를 지내고 우의정, 좌의정, 영의정에 올랐다. 좌의정 시절에 임금의 명령에 따라 정읍현감이던 이순신을 전라좌도 수군절도사, 형조정랑이던 권율을 의주목사로 천거했다.

그러나 유성룡은 당파 싸움에 휩싸여 파란 많은 관직 생활을 했다. 유성룡은 이황의 제자로서 동인의 중심 인물이었다. 그래서 당파 싸움의 향방에 따라 관직이 부침했다.

1592년에 임진왜란이 일어나자 유성룡은 선조 임금과 함께 평양으로 피란을 떠났다. 명나라에서 구원병이 오자 명나라 장군 접대와 군량 조달의 책임을 맡았고, 명나라 장군 이여송(李如松)과 함께 전략을 숙의하여 평양성 탈환에 성공했다. 유성룡은 선조가 한양으로 돌아온 후 영의정에 임명되었다. 여전히 전쟁이 끝나지 않은 시기였기 때문에 주로 군부대의 정비와 훈련 등 일본의 재침략에 대비하는 일을 했다. 일본이 재차 침략하자 도체찰사가 되어 수도 방위를 위하여 경기 지방을 순회하면서 군대를 독려했고 울산 전투에 출정하기도 했다.

임진왜란이 끝날 무렵 유성룡은 당쟁에 휘말렸고 관직에서 쫓겨나 고향인 안동으로 내려갔다. 그 후 복권되었지만 벼슬을 사양하고 저술 활동과 인재 양성에 몰두했다. 이때 쓴 책이 《징비록》이다. 《징비록》은 유성룡이 죽은 후인 1633년에 아들 진이 《서애집》을 발간하면서 그 속에 포함시켜 간행했다.

임진왜란과 정유재란, 7년을 기록하다

《징비록》은 유성룡이 임진왜란과 정유재란 당시의 역사적 사실을 기록한 책이다. 《징비록》은 임진왜란과 정유재란을 연구하는 가장 기본적인 자료로서 가치가 있을 뿐만 아니라 전쟁 문학으로도 가치가 있다. 유성룡이 이 책을 지은 이유는 '자서(自序)'에 잘 나타나 있다.

《징비록》이란 무엇인가? 임진란 뒤의 일을 기록한 글이다. 여기에 간혹 임진란 이전의 일까지 섞여 있는 것은 임진란의 발단을 밝히기 위한 것이다. 생각하면 임진왜란이야말로 참담하기 그지없는 일이었다. 10여 일 동안 세 도읍(한양, 개성, 평양)이 함락되었고 온 나라가 모두 무너졌다. 이로 인해 임금은 마침내 파천까지 해야 했다. 그러고도 오늘날이 있다는 것은 진정 하늘이 도운 것이 아니라고 누가 말하겠는가? 바꿔 생각하면 임진왜란을 극복한 일은 조정의 어지신 은덕이 넓게 우리 백성에게 미쳤던 것이기도 하다.
백성이 조국을 생각하는 마음을 그치지 않았고, 또 임금의 사대하는 마음이 명나라 황제를 감동시켰다. 그래서 중국은 몇 번이나 구원군을 보냈던 것이다. 만일 그러지 않았다면 필경 나라가 위태로웠을 것이다. 《시경》에 이런 말이 있다. "내 지나간 일을 징계하고 뒷근심이 있을까 삼가노라." 이것이 내가 이 《징비록》을 쓴 이유라 하겠다.

《징비록》은 1권과 2권 그리고 잡기로 구성되어 있다. 1권에는 임진왜란의 배경, 일본 도요토미 히데요시의 편지, 두 사신인 황윤길과 김성일의 보고, 이순신의 수군절도사 발탁, 임진왜란 발발, 피란길에 오른 선조 임금과 쉽게 함락된 한양, 포로가 된 두 왕자(임해군과 순화군), 명나라 구원병, 이순신의 거북선과 승전보, 의병 궐기에 대한 이야기가 실려 있다. 그리고 2권에는 평양성 탈환, 한양 수복과 진주성 함락, 정유재란, 모함받은 이순신과 패전한 원균, 노량해전과 이순신의 죽음 등이 실려 있다.

《징비록》의 몇 대목을 살펴보자. 1592년 4월 13일 일본군은 부산에 상륙했다. 임진왜란이 일어난 것이다. 그로부터 17일 만에 선조 임금은 한양을 버리고 피란길에 올랐다. 그때의 상황을 유성룡은 이렇게 기록해놓았다.

4월 30일 새벽, 임금께서 서쪽을 향해 출발하셨다.

(신립이 충주 전투에서 패배했다는) 말을 들은 사람들은 놀라움을 금치 못했고 곧 성안이 떠들썩했다. 조정에서도 초저녁에 재상들을 불러 피란을 의논했다. …… 대신들이 말했다. "상황이 이렇게 되었으니 전하께서는 잠시 평양으로 가시도록 하옵소서. 그런 다음 명나라에 구원을 요청하여 후일을 도모하십시오." 그때 권협이 임금 뵙기를 청하더니 무릎을 꿇고 큰 소리로 말했다. "바라옵건대 한양을 반드시 지키십시오." 말이 끝났을 때 내가 말했다. "아무리 위급한 순간이라 할지라도 군신 간의 예의를 지키시오. 할 말이 있으면 물러가 장계를 올리시오." 그러나 권협은 막무가내였다. "좌상께서 이렇게 말씀하실 줄 몰랐습니다. 한양을 버리는 일이 정녕 옳은 일입니까?" …… 대신들은 궐문 밖에 나와 임금의 명령을 기다렸다. 잠시 후 명령이 떨어졌다. …… 조영선과 신덕린을 포함한 10여 명이 큰 소리로 울부짖었다. "한양을 버려서는 아니 되옵니다." …… 임금의 가마가 대궐을 빠져나갔다. 궁중을 지키던 군사들이 모두 달아나느라 어둠 속에서 이리 부딪히고 저리 부딪혔다. …… 경복궁 앞을 지나갈 무렵 길 양쪽에서 백성들의 통곡 소리가 요란했다. …… 돈의문을 지나 사현 고개에 닿을 무렵 동이 트기 시작했다. 고개를 돌려 성안을 바라보니 남대문 안의 커다란 창고에 불이 나서 연기가 하늘로 치솟고

있었다. …… 마산역을 지날 무렵 밭에서 일하던 사람이 일행을 바라보더니 통곡하며 말했다. "나라님이 우리를 버리시면 우리는 누굴 믿고 살아간단 말입니까?"

나의 죽음을 알리지 마라

1597년 2월 26일 정유재란이 한창일 무렵 이순신이 한산도에서 체포되었다. 그때의 상황을 유성룡은 이렇게 기록해놓았다.

수군통제사 이순신을 하옥시켰다.

그 무렵 적장 고니시 유키나가는 수하 병사인 요시라를 경상우병사 김응서의 진에 출입시키면서 친하게 지내고 있었다. 그때 가토 기요마사가 다시 공격해온다는 소식이 전해졌다. 요시라는 몰래 김응서를 찾아왔다. "며칠 후 가토가 바다를 건너올 예정입니다. 수전에 뛰어난 조선 군사가 나서면 반드시 이를 격퇴할 수 있을 것입니다." 김응서는 이 내용을 조정에 알렸다. 조정에서도 이 내용을 믿었다. 윤근수는 기회가 왔다면서 계속 임금께 보고 드리고 이순신에게도 빨리 전진할 것을 재촉했다. 그러나 이순신은 적의 계략에 빠지는 것이

유싱룡(왼쪽)과 이순신(오른쪽)

아닐까 고민하면서 주저했다. 그러자 요시라가 다시 찾아왔다. "가토가 이미 상륙했소이다. 왜 가토를 치지 않는 것입니까?"

이 소식을 들은 조정에서는 모두 나서서 이순신의 잘못을 지적했다. 대간은 이순신을 잡아 국문할 것을 요청했고 현풍에 사는 박성이란 자는 이순신의 목을 베야 한다는 상소를 올리기도 했다. 결국 조정에서는 의금부 도사를 보내 이순신을 잡아오게 했다. 임금께서는 남이신을 한산도에 파견하여 사실을 조사하도록 했다. 남이신이 전라도 땅에 닿자 병사와 백성들이 모두 나와 길을 막으며 이순신이 무고하게 잡혀갔다고 호소했다. 그러나 남이신은 사실대로 보고하지 않았다. …… 이순신이 옥에 갇히자 대신들이 그의 죄를 의논하기 시작했다. 그때 정탁이 홀로 이순신을 변호했다. …… 조정에서는 한 차례 고문한 다음 사형을 감형하고 삭탈관직만 시켰다. 이순신의 노모는 아산에 살았는데 아들이 옥에 갇혔다는 말을 듣고 고통스러워하다가 목숨을 잃고 말았다. 옥에서 나온 이순신은 아산을 지나는 길에 상복을 입고 권율 휘하에 들어가 백의종군했다. 그 소식을 들은 사람들이 모두 안타깝게 생각했다.

유성룡은 이순신이 백의종군한 이후부터 노량해전에서 최후를 맞이할 때까지 세세히 기록했다. 이순신이 적의 총탄을 맞자 주위 사람들이 이순신을 부축하여 장막 안으로 옮겼다. 그때 이순신은 "지금은 싸움이 급한 상태다. 내가 죽었다는 사실을 알리지 마라" 하고는 숨을 거두었다고 했다. 지금도 유명한 이순신의 마지막 한마디는 유성룡의 기록에 의해 알려지게 되었던 것이다.

유성룡은 《징비록》에서 임진왜란 전에 정세를 살피기 위해 일본에 파견했던 사신 황윤길과 김성일의 서로 다른 보고에 대해 기록했다. 김태길은 학문의 영역에 사실판단을 하는 사실의 학과 가치판단을 하는 가치의 학이 있다고 했다. 두 사람의 글을 읽고 사신 김성일의 보고는 어떤 판단에 의한 것인지 생각해보자.

◆ ◆ ◆

부산에 도착한 황윤길은 사신 일행이 겪은 내용을 기록한 글을 올리면서 머지않아 전쟁이 일어날 것이라고 보고했다. 이후 임금께 결과를 보고하는 자리에서도 황윤길은 똑같은 보고를 했다. 그러나 김성일은 전혀 다른 보고를 했다. "윤길은 공연히 민심을 현혹하고 있습니다." 그러자 조정의 의견 또한 둘로 나뉘게 되었다. 김성일을 만난 나는 물었다. "그대 의견이 윤길과 다르니 만일 전쟁이 일어나면 어찌하려고 그러시오?" 그러자 김성일이 대답했다. "저 역시 일본이 절대 쳐들어오지 않는다고 생각하지 않습니다. 그런데 윤길의 말이 너무 강경해서 잘못하면 나라 안의 민심이 동요될까 봐 일부러 그렇게 말한 것입니다."

– 유성룡, 《징비록》 중에서

◆ ◆ ◆

• • •

있는 사실을 있는 그대로 밝히기를 목적으로 삼는 탐구, 즉 진리의 인식 그 자체를 목표로 삼는 학문과 마땅히 있어야 할 세계 또는 우리가 마땅히 해야 할 바를 밝히고자 하는 연구, 즉 올바른 실천을 궁극의 목적으로 삼는 학문을 서로 영역이 다른 두 가지 분야의 소속으로 보는 것은 아리스토텔레스 이래의 전통이다. 만약 전자를 '존재의 학(學)' 또는 '사실의 학'이라고 부른다면, 후자를 우리는 '당위의 학' 또는 '가치의 학'이라고 부를 수 있을 것이다. '존재의 학'의 문제가 예컨대 "물체는 어떤 법칙에 따라 낙하하느냐", "정신과 육체는 어떤 관계에 있느냐"와 같이 스스로 있는 사실에 관한 것들임에 반하여 '당위의 학'의 문제들은 "우리는 무엇을 해야 하느냐", "남북통일은 어떤 방식으로 이루어져야 할 것이냐" 하는 따위와 같이 앞으로 있어야 할 것을 위한 실천에 관한 것들이다. 그리고 사실에 관한 물음의 대답이 "두 개의 물체는 그 질량의 상승적(相昇積)에 비례하며 그 거리의 평방에 반비례하는 힘으로 서로 당긴다", "정신과 육체는 상호작용한다"는 따위의 사실판단임에 반해 실천에 관한 물음의 대답은 "네 양심에 따라 행동하라", "전 민족의 대다수가 원하는 방식으로 남북을 통일함이 옳다"는 따위의 가치판단이라고 부를 수 있는 성질의 것들이다.

– 김태길, 《윤리학》 중에서

• • •

7

가장 뜨거웠던 46년간의 기록

황현 《매천야록》

서울대 사상고전 100선에 선정된 핵심 포인트

황현이 지은 책으로 한말 위정자의 비리와 일제의 만행을 고발하고, 우리 민족의 끈질긴 저항 등을 서술하고 있다. 이 책은 1864년(고종 1년)부터 1910년까지 저자가 경험하거나 남으로부터 들은 여러 가지 역사적 사실을 수록하고 있다. 정식 사서가 아니라서 사실 자체가 잘못 전달된 것도 있지만 격동기에 일어난 여러 사건들의 이면을 알 수 있는 귀중한 사료다. 당시 지식인의 고민과 좌절을 생생하게 담고 있는 책으로 널리 읽히고 있다.

– 권태억 서울대학교 국사학과 교수

글 아는 사람 노릇하기 어렵네

난리 속에 살다 보니 백발이 되도록
몇 번이고 목숨을 끊으려다 못 이루었구나
오늘은 참으로 이룰 수 있는 방법이 없지만
바람에 흔들리는 촛불이 창공에 비치네

요망한 기운에 가려 임금의 별이 옮겨가니
구중궁궐 침침하여 낮 시간도 더디구나
이제부터 어명조차 받을 길이 없으니
구슬 같은 눈물이 한 장의 어명을 적시네

짐승도 슬피 울고 강산도 찡그리니
무궁화 온 세상이 이젠 망해버렸구나
가을 등불 아래 책을 덮고 지난날 생각하니
인간 세상에 글 아는 사람 노릇하기 어렵네

일찍이 나라를 지탱하는 데 조그만 공도 없었으니
다만 어짊을 이룰 뿐이지 충성은 아니었구나

겨우 윤곡의 행적을 따르는 정도이지

진동의 행적을 따르지 못함이 부끄럽네

1910년 9월 10일 황현(黃玹, 1855~1910)은 4편의 '절명시'를 남기고 자결했다. 조선이 일본에 강제 합병을 당한 지 11일 만이었다. 황현은 여러 차례 목숨을 끊으려 했지만 이루지 못했다고 했다. 또한 인간 세상에서 자신처럼 글 아는 사람의 역할이 매우 어렵다고 했다. 윤곡은 송나라 사람으로 몽골군이 침략하자 항의하여 자결했다. 진동은 송나라 사람으로 나라를 어지럽히는 세력을 몰아내기 위해 싸웠다. 황현은 두 송나라 사람과 비교하여 자신의 행동이 윤곡의 행적을 따르는 것이지 진동의 행적을 따르는 것은 아니어서 부끄럽다고 했다. 이 '절명시'는 〈대한매일신보〉에 실리면서 세상에 알려졌다. 그리고 황현의 숭고한 순국정신이 기려졌다.

황현은 전라남도 광양에서 태어났다. 스무 살 때 한양으로 올라와 평생의 친구가 되는 이건창, 김택영, 이기 등과 사귀게 되었다. 스물여덟 살 때 과거 시험에 응시하면서 당시의 정치 현실을 통감하는 경험을 하게 되었다. 초시와 초장에서 장원으로 뽑혔지만 문벌이 없는 시골 사람이라 2등으로 바뀌는 수모를 겪었던 것이다. 그래서 황현은 출세를 포기하고 고향에 파묻혀 은둔 생활을 했다.

비록 세상을 등지고 살았지만 나라의 운명을 외면할 수는 없었다. 그래서 마흔 살 때인 1894년부터 《매천야록(梅泉野錄)》을 쓰기 시작했다. 매천은 황현의 호다. 황현은 나라의 운명을 낱낱이 기록함으로써 후대에 경계를 삼고자 했던 것이다. 1910년 8월 29일 강제 합병 조약이 체결되었다. 이 소식이 지리산 자락 구례까지 전달되는 데는 며칠이 걸렸다. 황현은 분통을 참지 못하고 식음을 전폐하며 생각했다. 그리고 마침내 스스로 목숨을 끊었다.

《매천야록》이 쓰인 것은 1910년 이전이지만 일제강점기에는 출판할 수 없었다. 그래서 해방 후인 1955년에야 빛을 보게 되었다.

위정척사파의 눈으로 바라본 민족의 격동기

《매천야록》은 고종이 즉위한 1864년부터 1910년 8월까지 46년간의 사실을 기록한 역사서다. 황현은 나라의 기틀이 흔들리고 외세의 침략이 나날이 거세지는 시기에 나타난 지배층의 행태, 사회의 실상, 일본과 청나라와의 외교관계, 민족 반역자들의 행태, 의병들의 구국 항쟁 등을 형식에 구애받지 않고 생동감 있게 그려냈다. 이때는 우리나라의 역사에서 가장 뜨거웠던 시기다.

《매천야록》은 6권 7책으로 이루어져 있는데, 크게 보면 1894년의 동학농민운동과 갑오개혁을 중심으로 그 이전과 이후로 내용이 나뉜다.

고종(왼쪽)과 명성왕후(가운데), 그리고 흥선대원군(오른쪽)

특히 1894년부터 1910년까지를 자세히 기록하여 책 전체의 약 80퍼센트를 할애했다. 1894년 이전에 일어난 일로는 경복궁 중건, 서원 철폐, 천주교도 학살, 병인양요, 신미양요, 민란, 제너럴셔먼호 사건 등이 기록되어 있다. 또한 흥선대원군과 명성왕후의 알력, 명성왕후를 중심으로 한 외척의 발호와 어지러운 정치, 일본의 침략과 병자수호조약, 매관매직, 과거제도의 문란, 궁중의 타락한 생활, 임오군란과 외세의 간섭, 갑신정변과 청일 양국의 각축 등도 기록되어 있다.

1894년 이후에 일어난 일로는 동학농민운동과 청군의 주둔, 청일전쟁과 일본의 승리, 갑오개혁과 을미사변, 러시아 세력의 침투와 아관파천, 러일전쟁, 독립협회와 일진회, 을사조약 체결과 이후 일본의 노골적인 침략 정책, 친일파와 민족 반역자의 매국 행위, 이에 대항하여 일어난 의병과 의사들의 활동, 탐관오리의 비행 등이 기록되어 있다. 다른 역사서에서는 찾아볼 수 없는 다양한 내용들이 아주 구체적이고 생동감 있게 서술되어 있다. 특히 아주 자세히 기록된 의병들의 활동은 황현의 사상적 관점을 드러내준다.

1876년 강화도조약으로 외국에 문호를 개방한 이후 조선의 현실과 미래를 둘러싸고 심각한 논쟁이 벌어졌다. 위정척사파는 정통 유학을 배경으로 하여 외세를 배격해야 한다고 주장했다. 일본의 침략이 노골화하자 유인석, 최익현 등을 중심으로 의병 활동을 일으켰다. 개화파는 일본을 통해 수입한 유럽 학문의 영향을 받아 유럽의 문물을 적극 받아들이자고 했다. 김옥균을 중심으로 갑신정변을 일으켰으나 3일 만에 실패했다. 이후 개화파는 외국의 문물을 받아들이되 조선의 정체성은 지켜야 한다는 동도서기파 등과 연합하여 갑오개혁의 주축이 되었다.

그런가 하면 최제우는 서학, 즉 기독교를 배척하고 민중의 요구에 바탕을 둔 새로운 종교, 즉 동학을 창시했다. 경상도, 전라도, 충청도 등 남부 지역을 중심으로 수많은 백성들이 동학에 참여했다. 또한 탐관오리들의 횡포에 대항하는 농민들의 봉기가 발전하면서 전봉준을 중심으로 반외세, 반봉건을 내건 동학농민운동이 일어났다.

이렇듯 강화도조약 이후는 다양한 세력들이 자신들의 주장을 내세우며 실천했던 시기다. 그러므로 이 시기를 '개화기'라 규정하는 것은 적절하지 않다. 개화를 내건 개화파는 여러 세력 중의 하나였을 뿐이다.

황현은 정통 유학적 배경을 가진 사람으로 위정척사파와 입장을 같이했다. 개화파나 동학농민운동에 대한 비판에서 황현의 입장이 잘 드러난다. 황현은 개화파가 외세를 등에 업고 갑신정변을 추진한 것에 대해 강하게 비판한다. 특히 개화파 인사 상당수가 친일파로 변신했음을 매우 준엄하게 비판했다. 그리고 동학농민운동에 대해 전통적 체제를 뒤흔드는 반체제적인 것으로 규정하여 '동비들의 반란'이라 불렀다. 즉 동학 비적들의 반란이라는 말이다. 특히 동학 세력의 일부가 일진회 등을 만들어 매국 행위를 한 것에 대해 강한 어조로 비판했다.

개혁적 유학자

그렇지만 황현이 위정척사파의 입장에만 머문 것은 아니었다. 황현은 일본보다 먼저 유럽의 문물을 받아들여 나라를 개혁했어야 한다고 주장한다. 전통 유학의 문제점을 비판하고 개화파의 장점을 받아들이고자 했던 것이다. 전통 유학자들에 대한 황현의 비판은 서원 철폐에 대한 기록에서 나타난다. 서원은 유학자들이 붕당을 맺는 터전이었다. 고종의 아버지인 흥선대원군은 서원의 문제점을 파악하여 서원을 철폐했다. 황현은 유학자이지만 서원 철폐가 필요하다는 점을 인정하고, 서원 철폐에 대한 유학자들의 반대를 비판했다. 그렇지만 흥선대원군이 서원 철폐를 주도한 것 역시 비판했다.

서원의 책임을 맡은 자가 백성들을 잡아다 때리는 일이 많았다. 그 폐단이 많아서 사람들은 서원을 가리켜 가죽을 뚫고 골수를 빨아먹는 좀이라고까지 불렀다. 서원의 이러한 행동에 대해 수령들조차 두려워서 감히 죄책을 묻지 못했다. …… 서원의 설치는 처음에는 좋은 생각에서 시작된 것이다. 서원에서 몸과 마음을 수양하다 나라에 변란이 생기면 자진해서 창을 메고 군대에 편입되었다. 그런데 많은 곡식을 쌓아두고 물질적으로 풍부해지자 그 성격이 변했다. 서원을 철폐하라는 명령을 고칠 수는 없는 일이지만 그 명령이 대원군에게서 나왔다는 것이 문제다. 그래서 비난받는 것이다. 서원 철폐를 할 때 백성들은 별다른 일이 없었지만 서원 내의 유학자들이 상소를 올리고 미쳐 날뛰며 반대하니 양식 있는 사람들의 비웃음을 살 뿐이었다.

《매천야록》은 1864년부터 1910년에 이르는 당시의 사회상과 그 시대를 움직였던 인물들을 비판적으로 평가하고 묘사함으로써 근대사 연구의 귀중한 자료가 되고 있다. 마치 인물 사전과 같이 치밀하게 묘사한 인물평은 대단히 생동감이 있다.

황현은 당시 지배자인 고종, 순종, 흥선대원군, 명성왕후를 둘러싼 다양한 야사와 더불어 일본을 중심으로 청나라와 러시아의 다양한 각축전 양상을 비판적인 시각에서 서술함으로써 그것들이 벌거벗은 모습으로 적나라하게 드러나게 했다. 특히 황현은 민족 반역자들의 태도와 그들을 부추기면서 교묘하게 침략해오는 일본의 간교한 정책에 대해 탁월하게 묘사했다. 그리고 의병운동의 역사와 흐름, 의병에 참가한 주요 인물들의 활동을 자세하게 기록함으로써 격동의 시대를 주체적인 노력으로 헤쳐 나가고자 했던 모습을 보여주었다.

황현은 유학의 세계관을 옹호하면서 새로운 시대적 조류를 받아들이고자 했다. 내적 개혁을 통해 외적 고난을 극복하고자 했던 것이다.

황현은 일본에 의한 조선의 강제 합병 소식을 듣고 '절명시' 4편을 남기고 자결했다. 절명시를 통해 황현은 암울한 세상에서 지식인으로 살아가는 것의 어려움을 토로했다. 한편 조선 단종 때 성삼문(成三問)은 단종 복위 운동에 연루되어 사형을 당하게 되자 '절명시'를 지어 자신의 심경을 말했다. 다음의 두 시를 읽고 두 사람이 가진 삶과 죽음에 대한 태도를 비교해보자.

짐승도 슬피 울고 강산도 찡그리니
무궁화 온 세상이 이젠 망해버렸구나
가을 등불 아래 책을 덮고 지난날 생각하니
인간 세상에 글 아는 사람 노릇하기 어렵네

일찍이 나라를 지탱하는 데 조그만 공도 없었으니
다만 어짊을 이룰 뿐이지 충성은 아니었구나
겨우 윤곡의 행적을 따르는 정도이지
진동의 행적을 따르지 못함이 부끄럽네

– 황현, '절명시' 중에서

북소리 둥둥 울려 사람 목숨 재촉하네.
고개 돌려 바라보니 해도 지려 하는구나.
황천에는 주막 한 곳 없다 하니,
오늘 밤은 어느 집에 묵고 간담?

–성삼문, '절명시' 중에서

8

국혼(國魂)이 있으면 국백(國魄)은 회복된다

박은식 《한국통사》

서울대 사상고전 100선에 선정된 핵심 포인트

임시정부 요인 박은식이 지은 것으로 1915년 출판되었다. 우리 역사 전반에 대한 간략한 개요와 대원군의 개혁 정치, 민씨 정권의 문호 개방에서 비롯된 일제의 침략사와 갑신정변, 동학농민운동, 1911년 105인 사건에 이르는 독립운동사를 서술했다. "한 나라의 혼을 담은 국교(國敎)와 국사(國史)가 없어지지 않는 한, 나라도 결코 망하지 않는다"는 저자의 신념 하에 독립운동의 한 방편으로서 쓰여진 책으로 민족주의사관에 입각해 한국 근대사를 최초로 종합적으로 서술했다는 점에서 높이 평가되고 있다.

– 권태억 서울대학교 국사학과 교수

나이 마흔에 개화 독립파가 되다

공자는 나이 사십에 '불혹(不惑)'했다고 했다. 나이 사십이 되면 학문과 경륜에서 흔들림이 없게 된다는 말이다. 그러나 박은식(朴殷植, 1859~1925)은 달랐다. 박은식은 사십의 나이에 새로운 학문을 접하게 되자 자신이 가졌던 사상을 전환하여 새로운 사상을 받아들이고 독립운동에 헌신했다.

> 40세 이후에 세계의 학설이 수입되고 언론 자유의 시기를 만나서 나도 하나의 학설에 파묻혀 굳어 있었던 것을 알았다. 적이 변동함으로 우리 선배들이 금지했던 노자와 장자의 사상, 양자와 묵자의 사상, 신불해와 한비자의 학설은 물론 불교와 기독교의 교리를 꿰뚫게 되었다. 지금은 과학의 실용이 인류에게 요구되는 시대라는 것을 알게 되었다. –박은식, 〈학(學)의 진리는 의(疑)로서 쫓아 구(求)하라〉 중에서

박은식은 명망 있는 성리학자였다. 성리학에서는 노자와 장자의 사상, 양자와 묵자의 사상, 신불해와 한비자의 사상, 불교와 기독교의 교리를 모두 이단이라 하여 금지했다. 그러나 시대가 변하고 특히 적이 변함에 따라 이들 사상에 대해 검토하지 않으면 안 되게 되었다. 박은식은

의(疑), 즉 알고 있는 진리를 의심하여 학문의 진리를 추구하고자 했다. 그래서 동양의 여러 학설을 두루 섭렵했고, 인류의 요구가 과학의 실용에 있음도 알게 되었다. 시대 변화에 맞춰 새로운 학문을 추구하는 열린 자세로 박은식은 철저한 독립운동가요, 민족의 아픔을 담아내는 역사가로서의 삶을 살았다.

박은식은 황해도 황주에서 태어났다. 조선시대 말기의 유학자인 이항로(李恒老)의 문하생인 박문일, 박문오 형제에게서 성리학을 배웠다. 박은식은 자신의 방에 주자(朱子)의 초상을 갖다놓고 매일 아침 절을 올릴 정도로 주자의 학문, 즉 성리학에 몰두했다. 스물세 살 때에는 정약용(丁若鏞)의 실학사상을 섭렵하여 그 내용을 성리학의 체계 내로 편입했다. 그래서 박은식은 서도(西道: 황해도와 평안도를 지칭함) 제일의 유학자로 존경을 받게 되었다.

1876년 개항 이후 외세의 침입이 노골화되던 시기에 박은식은 위정척사파의 입장에서 세상을 보았다. 박은식의 할아버지 스승이 되는 이항로는 우리나라의 대표적인 위정척사파였다. 박은식은 시대적 혼란을 극복하기 위해서는 성리학의 정신을 올바르게 세워 이단의 학설을 배격하고 오랑캐로부터 나라를 지켜내야 한다고 생각했다.

박은식은 서른여섯 살 때(1894년) 동학농민운동과 갑오개혁을 경험하게 되었다. 박은식은 동학농민운동을 동학 비적들의 반란, 갑오개혁을 이단적 학설에 따른 정책이라고 배척했다. 이 무렵 박은식은 한양에 거주하다가 두 사건에 크게 실망하여 강원도 원주로 이사했다. 세상과 담을 쌓기 위해서였다. 마흔 살 때인 1898년에 아관파천으로 갑오개혁 내각이 무너지자 박은식은 다시 한양으로 올라왔다. 위정척사 운동의 새로운 가능성이 생겨날 것이라 보았기 때문이다. 그런데 박은식은 한양에서 독립협회 운동을 접하면서 커다란 충격을 경험했다.

박은식은 자신이 세상과 담을 쌓고 지내는 동안 세계 각국의 사상들이 우리나라로 쏟아져 들어왔고, 우리나라를 부강하게 하려는 다양한 노력들이 전개되고 있음을 알게 되었다. 박은식은 새롭게 접한 책을 읽으면서 자신의 사상적 기반에 대해 회의하게 되었다. '학문의 진리는 의심으로 추구하라!' 박은식은 자신의 과거 사상을 비판적으로 분석·검토했다. 그 결과 위정척사파에서 개화독립파로 자신의 사상적 입장을 전환했다.

나라는 형체이고 역사는 정신이다

박은식은 독립협회와 만민공동회에 적극 참여하는 한편 신채호 등과 함께 〈황성신문〉, 〈대한매일신보〉에 애국계몽 논설을 발표했다. 그리고 국민에게 세계 정세와 신지식을 가르치는 신교육의 보급이 가장 시급하다고 생각하여 신학문을 가르치는 학교 설립을 지원하면서 한

성사범학교의 교사로도 활동했다. 그러나 1910년에 일본이 조선을 강제 합병하자 박은식은 국경을 넘어 중국으로 망명했다. 1925년에 상하이임시정부 제2대 대통령으로 취임하여 독립운동에 앞장섰다.

박은식은 중국에 망명하면서부터 《한국통사(韓國痛史)》를 쓰기 시작했다. '나라는 없어질 수도 있지만 역사는 없어질 수 없는 것'이므로 역사를 기록해두고자 했던 것이다.

옛사람이 이르기를 나라는 없어질 수 있으나 역사는 없어질 수 없다고 했다. 나라는 형체이고 역사는 정신이기 때문이다. 이제 우리나라의 형체는 허물어졌으나 정신만이라도 오롯이 남아 있을 수 없는 것인가. 이것이 '통사'를 저술하는 이유다. 정신이 없어지지 않으면 형체는 부활할 때가 있는 법이다. 그러나 이 책은 갑자년(1864년) 이후 50년사에 불과할 뿐이니, 어찌 우리 4000년 역사 전부의 정신을 전할 수 있겠는가. 이것은 우리 민족이 우리의 조상을 잊지 않는 데 있을 것이다. …… 오늘날 우리 민족은 우리 조상의 피로써 뼈와 살로 삼고 우리 조상의 혼으로써 영혼을 삼고 있다. 우리 조상은 신성한 가르침을 갖고 있고, 신성한 정치와 도리를 가졌으며, 신성한 학문과 무공(武功)을 가졌으니, 우리 민족이 어찌 다른 것에서 구해야 옳겠는가.

《한국통사》는 1915년에 완성되어 발간되었다. 이 책이 다루는 시기는 고종이 즉위한 해인 1863년부터 1911년 이른바 105인 사건이 일어날 때까지다. 이 시기에 우리나라는 쇠퇴하여 결국 식민지로 전락하게 된다. 그래서 박은식은 이 시기의 역사를 기록하면서 '통사(痛史)', 즉 비통한 역사라고 제목을 달았던 것이다.

《한국통사》는 3편으로 구성되어 있다. 1편은 두 장으로 구성되어 있는데 1장에는 지리를, 2장에는 단군신화에서부터 고종의 즉위까지의 역사를 간략하게 기록했다.

2편은 모두 51장으로 이루어져 있는데 고종의 즉위부터 1896년 아관파천 이후 대한제국 성립 직전까지의 역사적 사실을 다루고 있다. 여기에는 흥선대원군의 개혁 정책과 쇄국 정책, 명성왕후 정권의 문호 개방 정책, 임오군란과 청일 양국군의 주둔, 갑신정변, 동학농민운동, 청일전쟁, 갑오개혁, 명성왕후 시해 사건, 의병 운동, 아관파천과 열강들의 이권 쟁탈전 등이 서술되어 있다.

3편은 모두 61장으로 구성되어 있는데, 1896년 아관파천부터 1911년 105인 사건까지 다루고 있다. 여기에는 대한제국의 성립, 독립협회의 활동, 일본의 경제적 침략, 러일전쟁, 을사조약, 애국·매국 인물들에 대한 서술, 동양척식주식회사 설립, 헤이그 특사 사건, 고종의 퇴위, 군대 해산과 의병운동, 안중근 의거, 한일 강제 합병 이후의 사실 등이 기록되어 있다.

전체적으로 보면《한국통사》는 우리나라의 근대사를 다루면서 일본의 침략과 이에 맞선 저항과 독립운동을 다루고 있음을 알 수 있다. 특히 박은식은 시종일관 일본 침략의 간교함과 잔학상을 세밀하게 폭로 규탄함으로써 반일본 제국주의 의식을 높이고자 했다. 그리고 전국 각지에서 일어난 저항과 국권회복 운동을 서술함으로써 독립을 향한 주체적 의식과 노력을 고양하고자 했다.

독립운동의 교과서

《한국통사》는 발간되자마자 중국과 러시아에 거주하고 있던 교포들 사이에 커다란 반향을 일으켰다. 미국에서는 한글로 번역되어 교민들의 교과서로 사용되었다. 또한 국내에도 비밀리에 대량 보급되어 일본 경찰은《한국통사》를 금서로 지정하고 이 책을 읽는 사람들을 억압했다.

일본 제국주의자들은《한국통사》의 영향력에 당황했다. 그래서 조선총독부는《한국통사》가 발간된 이듬해인 1916년 급하게 어용학자들을 동원하여 '조선반도사편찬위원회'라는 것을 만들었다. 조선반도사편찬위원회가 작성한 〈조선사편수회사업개요〉에 따르면《한국통사》가 우리나라 사람들에게 얼마나 큰 영향력을 미쳤는가를 알 수 있다.

조선인은 다른 식민지의 야만 반개(半開)의 민족과 달리 옛날부터 역사서가 많고 또 새로운 저작들이 적지 않다. 이 중에서 전자는 독립시대의 저술로서 현대와 관계가 없는데도 헛되이 독립국의 꿈을 꾸게 하는 폐단이 있다. 후자는 근대 조선에 있어서 일본과 청, 일본과 러시아의 세력 경쟁을 서술하여 조선의 향배를 설명하고, 혹은《한국통사》라 칭하는 재외 조선인의 저서와 같이 일의 진상을 규명하지 않고 함부로 망설을 지어낸다. 이들 역사책들이 인심을 좀 먹고 유혹하는 해로움은 참으로 말로 표현할 수 없는 것이다.

– 조선반도사편찬위원회, 〈조선사편수회사업개요〉 중에서

박은식은 독특한 입장에서 역사 서술을 했다. 즉 국혼(國魂: 민족정신)과 국백(國魄: 나라의 형태)을 구별하고, 국혼의 유지·강화가 매우 중요함을 역설했다. 국백을 빼앗겼어도 국혼을 가지고 있다면 능히 국백을 회복할 수 있다는 것이다. 그래서 박은식은 국혼 또는 민족혼을 역사 발전의 원동력이라고 주장한다.

《한국통사》는 투철한 민족주의사관에 입각해서 동시대사를 연구한 책이다. 《한국통사》는 최초로 우리나라의 근대사를 체계화하여 우리나라 근대 역사학의 기초를 놓은 고전이다. 《한국통사》는 일제강점기에 많은 학생과 젊은이에게 조국의 역사를 가르치고 조국의 독립 의식을 드높인 교과서였다.

박은식은 역사에서 민족 혼, 즉 민족정신을 강조했다. 민족정신이 남아 있으면 반드시 부활할 것이라는 민족독립의 염원을 표현하고자 했던 것이다. 또한 박은식은 '꿈에 금나라 태조에게 절을 했다'는 의미의 〈몽배금태조전(夢拜金太祖傳)〉을 지었다. 다음의 두 글을 읽고 박은식이 금나라 태조에게 절한 까닭을 생각해보자.

◆ ◆ ◆

옛사람이 이르기를 나라는 없어질 수 있으나 역사는 없어질 수 없다고 했다. 나라는 형체이고 역사는 정신이기 때문이다. 이제 우리나라의 형체는 허물어졌으나 정신만이라도 오롯이 남아 있을 수 없는 것인가. 이것이 '통사'를 저술하는 이유다. 정신이 없어지지 않으면 형체는 부활할 때가 있는 법이다. 그러나 이 책은 갑자년(1864년) 이후 50년사에 불과할 뿐이니, 어찌 우리 4000년 역사 전부의 정신을 전할 수 있겠는가. 이것은 우리 민족이 우리의 조상을 잊지 않는 데 있을 것이다. …… 오늘날 우리 민족은 우리 조상의 피로써 뼈와 살로 삼고 우리 조상의 혼으로써 영혼을 삼고 있다. 우리 조상은 신성한 가르침을 갖고 있고, 신성한 정치와 도리를 가졌으며, 신성한 학문과 무공을 가졌으니, 우리 민족이 어찌 다른 것에서 구해야 옳겠는가.

– 박은식, 《한국통사》 중에서

◆ ◆ ◆

◆ ◆ ◆

금나라 태조 황제는 우리나라 평주(平州) 사람 김준의 9세손이다. 여진족의 발상지는 지금의 함경북도 회령군이고 그 민족의 역사를 말하면 여진족이란 명칭은 발해족을 고쳐 달리 부르는 것이다. 발해족에는 마한족의 이주자가 많다. 금나라의 역사로 말하면 두만강 변에 살던 일개 소부락에서 일어나 일거에 거란족이 세운 요나라를 멸망시킨 후 북송을 장악하여 중국 천지의 주권을 장악했다. 같은 땅에서 나온 우리 민족의 사람으로 특별히 천제(天帝)의 사랑하는 아들이 되어 더할 나위 없는 축복을 받고 한없는 광영(光榮)을 얻었다. 실로 단군 대황조(大皇祖)의 음덕과 백두산의 신령한 도움이 있었기 때문이다.

– 박은식, 〈몽배금태조전〉 중에서

◆ ◆ ◆

9

역사가 정치적으로 악용되다

타키투스 《게르마니아》

서울대 사상고전 100선에 선정된 핵심 포인트

고대 게르만족에 관한 사료 가운데 가장 충실한 것이며 기원후 98년에 쓰였다. 비록 현지를 방문한 적은 없지만 당대의 증언을 광범위하게 채록하여 자료로 이용했다. 당시의 로마를 비판하기 위한 의도에서 '야만인들'의 활력에 넘치는 건강한 삶, 특히 그들의 투박한 촌락 생활과 군사적 덕성을 강조한다. 로마공화정에 대한 저자의 향수를 느낄 수 있다.

– 최갑수 서울대학교 서양사학과 교수

로마제국의 집정관

375년 유럽의 역사를 바꾼 대이동이 시작되었다. 게르만족이 동쪽 훈족의 침입에 밀려 이동을 시작한 것이다. 게르만족은 당시 세계 최대의 제국이었던 로마로 몰려들었다. 로마제국은 콘스탄티누스 황제가 수도를 콘스탄티노플로 옮긴 이후 사실상 동로마와 서로마로 분열되어 있었다. 동로마는 아시아 나라들과 교역을 하며 경제적으로 번영했지만 서로마는 인구 감소와 관리들의 부정부패로 급격히 쇠퇴하고 있었다. 동로마제국은 게르만족의 침입을 막아냈지만 서로마제국은 이미 게르만족의 침입을 막아낼 힘을 상실하고 있었다. 476년 게르만족의 오도아케르가 서로마제국의 황제 로물루스 아우구스툴루스를 폐위시키고 왕위에 올랐다. 이로써 서로마제국이 멸망하면서 고대가 막을 내렸다.

사실 기원전 2세기경부터 게르만족은 로마제국을 실질적으로 위협하는 세력이었다. 기원전 2세기 말에 유틀란트반도에 살던 게르만족의 일부가 로마를 침략해왔다. 로마의 마리우스 장군이 가까스로 침략을 물리치기는 했지만 로마인들은 게르만족을 대단히 위험한 종족이라 생각하게 되었다. 카이사르가 기원전 58년에 갈리아의 지방장관이 되어 갈리아 전쟁을 수행하면서 게르만족까지 소탕했지만 곧 암살당하고 로마의 내정이 혼란에 빠지면서 로마제국은 게르만족에 효과적으로 대응하지 못했다. 이후로도 로마제국은 게르만족 소탕 작전을 여러 차례 펼쳤지만 별다른 소득이 없었다. 로마제국은 영토를 지키는 데 급급할 뿐이었다.

타키투스(Publius Cornelius Tacitus, 55?~117?)가 태어날 무렵 로마제국과 게르만족의 투쟁은 소강 상태였다. 타키투스는 아버지가 재무관으로 근무하던 지금의 벨기에(혹은 북이탈리아)에서 태어났다. 그 당시 네로 황제가 폐위되고 자살하면서 율리우스-클라우디우스 가문의 혈통이 끊기자 장군들끼리 황제 자리를 놓고 다투었다. 그래서 68~69년 사이에 황제가 네 번이나 바뀌었다. 이때 소년 타키투스는 최악의 공화정이 최선의 제정보다 낫다는 신념을 갖게 되었다.

베스파시아누스가 최후의 승리자가 되어 황제의 자리에 오른 후 타키투스는 공직에 진출했다. 타키투스는 말단 공무원으로 시작하여 재무관이 되었고 도미티아누스 황제가 제위에 오른 뒤에는 그의 신임을 얻어 법무관이 되었고 작은 속주의 총독으로도 근무했다. 타키투스를 신임했던 도미티아누스 황제는 원로원의 귀족 다수를 제거하는 등 공포정치를 자행하다가 암살당했고 그 뒤를 이어 네르바가 황제의 자리에 앉았다. 네르바는 트라이야누스를 양자이자 후계자로 지명했다. 이후 로마에는 역사상 가장 행복했던 시기인 오현제(五賢帝: 다섯 명의 현명한 황제) 시대가 열렸다. 이때 타키투스는 네르바와 공동 집정관이 되었다. 그 뒤 타키투스는 전직 집정관 자격으로 여러 관직에 취임할 수 있었다. 말년의 타키투스는 일체의 관직을 버리고 역사 서술로 여생을 마쳤다.

타키투스는 다섯 편의 저서를 남겼는데, 그중 하나가 《게르마니아(Germania)》다. 게르마니아는 게르만족이 살고 있는 지역의 이름이다. 《게르마니아》는 게르만족의 기원과 주거지에 관한 일종의 전문적인 논문이다. 여기에서 말하는 게르만족에는 오늘날의 독일인, 오스트리아인, 덴마크인, 노르웨이인, 스웨덴인, 네덜란드인, 영국의 앵글로색슨족이 포함된다.

도덕적 타락을 경계하다

《게르마니아》는 아주 짧은 글이다. 우리말로 옮기면 200자 원고지 300장 정도밖에 되지 않는 분량이다. 구성도 단순하다. 총 46장 가운데 1~27장은 게르만족의 나라, 제도, 관습, 사생활 등을 다뤘고 28~46장은 각각의 게르만 부족들에 대해 기술했다. 즉 《게르마니아》는 게르만족의 민속지다. 타키투스는 게르만족에 대한 정보를 주로 게르만족에 관한 글과 북유럽을 오가는 상인들로부터 얻은 것으로 보인다. 타키투스에게 영향을 미친 책으로는 플리니우스의 전쟁사와 카이사르의 《갈리아 원정기》 등이 있다.

타키투스와 그의 책 《게르마니아》

그러면 타키투스는 왜 《게르마니아》를 지었을까? 타키투스가 직접 저술의 동기를 밝히지 않아서 정확히 알 수는 없다. 로마인들은 게르만족을 위협 세력으로 여겼기 때문에 게르만족에 대한 관심이 높았다. 타키투스는 이러한 관심을 반영하여 글을 썼을 수도 있다. 그러나 글의 내용이 게르만족에 대한 단순한 소개이기 때문에 게르만족에 대한 경계심을 높이기 위해 쓴 것으로 보기는 어렵다. 타키투스의 서술 의도는 당시 도덕적으로 타락하던 로마인의 경각심을 일깨우기 위해서였던 것으로 보인다. 즉 도덕적으로 타락하지 않은 건전한 원시 부족의 생활 방식과 관습을 소개함으로써 로마인들의 경계로 삼고자 했던 것이다.

타키투스는 황제들의 절대 권력이 로마의 정치, 사회, 문화에 끼치는 영향을 부정적으로 평가했다. 황제에게 권력이 집중되면 통치자와 피통치자가 모두 타락하게 마련이다. 황제는 잔인해지고 도덕적으로 해이해지며, 신하들은 위선적이고 사리사욕만 꾀하게 된다. 지배자들이 타락하면 피지배자들 역시 타락한다. 로마의 시민들 역시 향락에 물들어 타락했다고 타키투스는 생각했다. 타키투스는 절대 권력에 따른 도덕적 타락을 경계하고 건전한 로마제국의 부활을 꿈꿨다. 그래서 타키투스는 역사적 사실을 들어 경계를 삼기 위해 글을 썼다.

타키투스가 소개하는 게르만족의 기원을 들어보자.

게르만족은 유일한 역사 기록인 옛날부터 전해오는 서사시에서 투이스토 신이 대지에서 태어났다고 말한다. 서사시에 따르면 투이스토 신에게서 게르만족의 시조인 만누스가 태어났다. 만누스는 세 명의 아들을 두었는데, 아들들의 이름을 따서 대양에서 가장 가까이 사는 자들을 잉가이보네스족, 중앙에 사는 자들을 헤르미오네스족, 나머지를 이스타이보네스족이라 불렀다. …… 하지만 게르만이라는 이름은 오래된 것이 아니라 근래에 와서 사용되었다. 맨 먼저 레누스 강을 건너 갈리족을 내쫓은 지금의 퉁그리족을 게르만족이라고 불렀다. 종족이 아니라 부족의 이름으로 차츰 통용되었으니, 처음에는 갈리족에게 공포감을 불러일으키기 위해 승승장구하던 퉁그리족만 이 자신들을 게르만족이라고 불렀지만 나중에 이 이름이 통용되자 종족 전체가 스스로 자신들을 게르만족이라 불렀던 것이다.

게르만족의 신화는 전 세계 어디에나 있는 신화의 내용과 유사하다. 특기할 만한 것은 게르만족이 다양한 종족을 아우르는 이름이었다는 점이다. 처음에는 가장 강한 종족만을 게르만족이라고 하다가 점차 여러 종족들이 스스로를 게르만족이라 불렀다는 것이다.

따라서 게르만족은 다양한 혈통의 부족을 포괄하는 말이라고 할 수 있다. 그럼에도 타키투스는 "게르만족이 원주민이며 이주나 교류를 통해 이민족들과 거의 피가 섞이지 않았다"고 주장했다. 타키투스의 이 주장은 훗날 정치적으로 악용되었다.

정치적으로 악용되다

15세기에 《게르마니아》가 사람들의 관심을 끌기 시작했다. 1455년에 《게르마니아》 원본이 발견되고 1470년에 이탈리아 베네치아에서 초판이 발행되었다. 3년 뒤에는 독일의 뉘른베르크에서 간행되어 엄청난 인기를 끌면서 무려 50쇄가 발행되었다.

《게르마니아》가 알려지면서 이 책을 정치적으로 이용하려는 시도가 일찍부터 시작되었다. 《게르마니아》 4장이 주로 정치적 이용의 대상이 되었다.

개인적으로 게르마니아 주민들은 다른 종족과의 혼인으로 피가 섞이지 않았으며, 유례없이 순수한 특별한 종족이라고 믿는 사람들의 견해에 동의한다. 그래서 그들은 인구가 많음에도 매섭게 쏘아보는 푸른 눈, 붉은 머리털, 순간적으로 힘쓸 때만 효과적인 큰 체구 등 모두 생김새가 비슷하다. 외모와 달리 그들에게는 힘들고 지속적인 노력을 견뎌낼 만한 참을성이 없으며, 갈증과 더위는 전혀 참지 못한다. 그러나 그들은 기후와 토양 덕분에 추위와 굶주림에 익숙하다.

《게르마니아》를 정치적으로 이용하려는 자들은 게르만족의 순수 혈통을 강조한다. 초기에는 순수 혈통을 내세워 게르만족은 갈리아와 달리 로마에 정복당한 적이 없다고 주장하는 정도였다. 그러나 19세기 초 나폴레옹 전쟁이 전 유럽으로 확산되고 독일에서 민족주의 세력이 일어나면서 주장이 공격적으로 바뀌기 시작했다. 독일의 철학자 피히테(Johann Gottlieb Fichte)는 《독일 국민에게 고함》에서 게르만족의 특질은 로마시대부터 변한 것이 없으므로 민족성을 견지하기 위해 프랑스에 맞서 싸워야 한다고 주장했다. 그렇지만 피히테는 게르만족이 생물학적으로 우수한 종족이라는 논리를 펼치지는 않았다.

하지만 독일에 히틀러 정권이 들어서자 사정이 달라졌다. 나치 정권의 이론가들은 게르만족의 혈통적 순수성, 자유에 대한 사랑, 도덕적 올바름, 충성심, 용기 등 타키투스가 제시한 여러 가지 자질을 부각시키면서 게르만족의 인종적 우수성을 내세웠다. 나치 정권은 이런 주장을 바탕으로 유대인을 탄압하고 학살했다.

타키투스는 고대 로마인들의 도덕적 타락을 경계하기 위해 《게르마니아》를 썼다. 타키투스는 게르만족의 인종적 우수성이 아니라 순수한 도덕을 소개했다. 타키투스를 악용한 자들은 오히려 게르만족의 도덕심을 타락시켰을 뿐이다.

타키투스는 게르만족에 대한 기록을 통해 로마 시민들의 도덕적 타락을 경계하고자 했다. 그러나 타키투스의 주장은 '게르만족의 순혈주의'를 주장하는 정치 세력에 의해 악용되기도 했다. 미국의 생물학자 에드워드 윌슨(Edward Wilson)은 인간의 사회적 행위가 생물학적 뿌리에서 나온 것이라고 주장했다. 두 사람의 글을 읽고 생명 복제 기술의 발전이 가져올 수 있는 위험성을 독일 나치 정권의 사례를 들어 생각해보자.

◆ ◆ ◆

개인적으로 게르마니아 주민들은 다른 종족과의 혼인으로 피가 섞이지 않았으며, 유례없이 순수한 특별한 종족이라고 믿는 사람들의 견해에 동의한다. 그래서 그들은 인구가 많음에도 매섭게 쏘아보는 푸른 눈, 붉은 머리털, 순간적으로 힘쓸 때만 효과적인 큰 체구 등 모두 생김새가 비슷하다. 외모와 달리 그들에게는 힘들고 지속적인 노력을 견뎌낼 만한 참을성이 없으며, 갈증과 더위는 전혀 참지 못한다. 그러나 그들은 기후와 토양 덕분에 추위와 굶주림에 익숙하다.

– 타키투스, 《게르마니아》 중에서

◆ ◆ ◆

◆ ◆ ◆

성, 이타주의, 종교 등 보편적인 사회적 행위들은 자신의 생존과 더 많은 번식을 추구하는 유전자의 지배라는 생물학적 뿌리에서 자라난 열매들이다. 숭고한 도덕 가치들의 문화적 진화가 스스로 방향을 설정하고 자체 추진력을 획득해 유전적 진화를 대체할 수는 없다. 인간의 행동은 인간의 유전 물질을 고스란히 보존해가는 우회적 방법이며, 도덕은 설명할 수 있는 다른 어떠한 궁극적 기능도 갖고 있지 않다. …… 인간 유전학은 다른 모든 과학 분야와 더불어 급속히 발전하고 있다. 조만간 사회적 행동의 유전적 토대에 관한 많은 지식이 축적될 것이고, 유전공학과 복제기술을 이용해 유전자를 바꿀 수 있게 될 것이다. 적어도 완만한 진화적 변화는 기존의 우생학을 통해 실현 가능해질 것이다. 인간 종은 자신의 본성을 바꿀 수 있다. 인간 종은 무엇을 선택할까? 부분적으로 낡아버린 빙하기의 적응 양상과 동일한, 날림으로 지은 흔들거리는 토대 위에 그대로 남아 있을까? 아니면 더 많은 혹은 더 적은 감정적 반응 능력을 지닌 더 고도의 지성과 창조성을 향해 나아갈까?

– 윌슨, 《인간 본성에 대하여(On Human Nature)》 중에서

◆ ◆ ◆

10

대하소설 같은 역사서

블로크 《중세 사회》

서울대 사상고전 100선에 선정된 핵심 포인트

봉건제를 주군과 봉신 간의 주종관계로 보는 법제사적 해석, 지방분권적인 통치조직으로 보는 정치사적 해석을 넘어서서 하나의 총체적인 사회 형태로 제시한다. 집단 심성을 사회적 토대 및 경제적, 인구학적 조건에 비추어 파악함으로써 유럽 중세인들의 삶을 역동성 있게 드러내준다. '아날 학파'의 제1세대가 지녔던 전체사적인 전망이 무엇인지를 잘 보여준다.

– 최갑수 서울대학교 서양사학과 교수

레지스탕스 운동의 지도자

전투의 시각이 다가오고 있었다. 자식을 여섯 명이나 둔 56세의 가장이었지만 이 노령의 애국자는 기꺼이 조국에 몸 바칠 결심을 한다. …… 유대인 신분에 관한 법령이 발표되자 1941년 당시 클레르몽페랑으로 옮겨가 있던 스트라스부르 대학교와 몽펠리에 대학교에서 계속 가르칠 수 있는 특례 자격을 얻는다. 독일이 파리 서재의 책들을 모두 압수하고 프랑스 남부 지역을 완전 봉쇄하자 …… 블로크는 역사가라는 직업의 미래를 절실하게 고민한다. 도피하듯 미국 뉴욕의 뉴스쿨로 갈 수 있었던 기회도 포기한다. 독일군이 프랑스 남부 지역까지 들어오자 대학의 지위도 포기해야 할 상황이 온다. 블로크는 마침내 오래전부터 결심해왔던 레지스탕스 활동을 할 때가 왔음을 직감한다. 조직력, 용기, 도덕적 엄격성 같은 블로크의 성격은 바로 레지스탕스 활동, 특히 리옹의 프랑티뢰르(의용유격대) 활동을 통해서 만들어진다. 이미 얼굴이 너무나 널리 알려진 블로크는 붙잡혀 1944년 6월 16일 생디디에드포르망에서 총살당한다.

프랑스의 역사학자 올리비에 뒤물랭은 《마르크 블로크》에서 블로크(Marc Bloch, 1886~1944)가 레지스탕스 활동에 참여하는 과정과 블로크의 최후에 대해 이렇게 썼다. 블로크는 역사학자로서 역사가의 소명의식에 따라 자신의 삶을 살다 간 것이다.

블로크는 프랑스 리옹에서 태어났다. 아버지인 귀스타브 블로크는 당시 프랑스 최고의 교육기관이었던 파리 고등사범학교를 졸업한 로마사가로서 아들이 출생할 무렵에는 리옹 대학교에 교수로 재직하고 있었다. 그래서 블로크는 어릴 적부터 전문적 역사 연구의 실제를 접하면서 자라났다. 블로크는 열아홉 살에 루이대왕 고등학교를 졸업하고 파리 고등사범학교에 입학하여 역사학과 지리학을 공부했다. 불과 4년 만에 역사학과 지리학 교수 자격을 획득한 후 독일로 유학하여 종교사를 배우고 돌아와 연구에 전념했다.

제1차 세계대전이 발발하자 블로크는 군에 입대하여 대위로 제대했다. 제대 후 스트라스부르 대학교에 중세사 교수로 재직하면서 뤼시앵 페브르(Lucien Febvre) 등과 함께 역사 전문지인 〈아날(Annales)〉지를 발간했다.

제2차 세계대전이 일어나고 프랑스가 독일에 패배하자 블로크는 고향인 리옹에서 레지스탕스 활동을 했다. 블로크는 리옹 일대에서 레지스탕스 지도자로 활약하다 체포되어 총살당했다. 레지스탕스 활동을 하면서도 역사 연구를 계속하여 《역사를 위한 변명(Apologie pour l'histoire ou métier d'historien)》을 저술하기도 했다.

《중세 사회(La société féodale)》는 블로크가 소르본 대학교에서 경제사를 강의하던 시절, 앙리 페르가 기획한 '인류의 진보' 총서의 일환으로 1939년에 저술한 것이다. 《중세 사회》는 역사가로서 블로크의 명성과 지위를 확고하게 해준 책이었다. 블로크는 《중세 사회》에서 중세 사회를 그 자체로 고립시켜 파악하려는 입장을 배격하고 전체성 속에서 파악해야 할 하나의 사회형으로 설정했다.

중세 사회의 첫 번째 특징은 농민의 종속이다

블로크가 다룬 중세 사회는 유럽의 중세 사회, 특히 프랑스를 중심으로 하는 서유럽의 중세 사회라는 것에 유의해야 한다. 서유럽의 중세 사회는 동양의 중세 사회와 사회구조가 달랐다. 서유럽의 중세 사회는 영주와 기사 등의 귀족층과 농민 등의 평민층으로 이루어졌다. 영주는 기사에게 봉토를 주고 충성을 서약받았다. 농민들은 영주와 기사의 토지를 경작하고 소작료를 지불했다. 이렇게 구성된 서유럽 중세 사회의 사회구조를 봉건제라고 한다.

블로크는 《중세 사회》에서 사회사를 밑바탕에 깔면서 서유럽 중세 사회의 종합적인 역사를 쓰려고 했다. 《중세 사회》는 두 권으로 이루어져 있다. 1권에는 '인적 종속관계의 형성'이라는 부제가 붙어 있는데, 중세 사회의 형성과 작동의 원리로서 사람과 사람 사이의 의존관계를 주로 다뤘다. 2권에는 '계급과 통치'라는 부제가 붙어 있는데, 중세 사회의 정치체제 문제를 주로 다뤘다.

중세 사회에 대한 블로크의 관점이 집약적으로 드러나 있는 곳은 2권의 '사회형으로서의 봉건제'다. 그곳에서 블로크는 서유럽 중세 사회의 기본적 특징을 다음과 같이 썼다.

> 농민층의 종속, 일반적으로 불가능하게 되어 있던 봉급제 대신에 봉토제도가 널리 채택되고 있었던 점, 전문적 전사계급이 차지하고 있던 우월한 위치, 인간과 인간을 서로 결속시켜주던 복종과 보호의 유대관계, 권력의 세분화, 그리고 친족 집단과 국가의 존속. 국가는 계속 살아남아 중세시대 제2기에 새로운 활력을 되찾게 되었다.

서유럽 중세 사회의 특징을 집약했다. 농민층은 영주에 종속되어 있었다. 영주의 토지에 매여 있었기 때문에 노예의 상태와 크게 다르지 않았다. 그래서 중세 사회의 농민을 농노라 부르기도 한다. 영주는 기사가 충성하는 대가로 봉급이 아니라 봉토를 주었다. 기사는 영주에 매여 있었지만 농민보다 우월한 지위를 차지하며 귀족층의 일원이 되었다. 이렇듯 서유럽 중세 사회는 영주, 기사, 농민이 경제적 관계가 아니라 인격적 관계로 얽혀 있었다. 그래서 블로크는 "인간과 인간을 서로 결속시켜주던 복종과 보호의 유대관계"라고 했다. 여기에서 주목할 점은 농민층의 종속을 중세 사회의 첫 번째 특징으로 들고 있다는 점이다. 즉 블로크는 하나의 사회를 파악할 때 농민과 같은 직접적인 생산자층의 상태를 가장 우선시했던 것이다.

그러면 서유럽의 중세 봉건제는 어떻게 생겨났을까? 일반적으로 게르만족에 의해 고대 로마가 붕괴되면서 나타났다고 한다. 그러나 블로크는 고대 로마의 사회구조와 게르만족의 사회구조가 다르기 때문에 자연스럽게 결합하지 못하고 폭력적으로 강제 결합한 결과 중세 사회가 성립했다고 보았다. 이러한 강제 결합을 가져온 폭력을 블로크는 이슬람교도, 스칸디나비아인과 헝가리인의 침입에서 찾았다. 그래서 블로크는 중세 사회가 로마제국의 붕괴에서 시작된 것이 아니라 8, 9세기에 있었던 이민족의 침입에서 시작되었다고 보았다.

중세 사회의 대하소설

블로크는 중세 사회를 연구하면서 중세 사회를 구성하는 다양한 사회적 요소의 상호작용을 중요시했다. 블로크는 이렇게 말했다.

특정한 거주 형태의 분포와 특정한 형태의 법률과 같이 전혀 다른 계열에 속하는 현상들을 병렬하는 경우에 원인과 결과라는 미묘한 문제가 제기되게 마련이다. 그런데 본질적으로 다른 두 계열의 현상을 수세기에 걸친 발전 과정에 비추어 비교해보면 '한쪽에는 모든 원인이 있고 다른 한쪽에는 모든 결과가 있다'고 말하는 것만큼 무의미한 이분법도 없을 것이다. 정신과 마찬가지로 사회도 끊임없는 상호작용의 조직이다.

블로크는 전체적인 인간관계의 망이 어떻게 형성되고 변화하는가를 살펴보고자 했다. 이 점이 블로크가 중세 사회를 파악하면서 보여주는 하나의 특징이다. 블로크가 보여주는 또 다른 특징은 계약의 상호성을 매우 중시했다는 점이다. 블로크는 기사의 영주에 대한 충성, 영주의 국왕에 대한 충성이 봉건제 후기에 국가 재건과 왕권 강화에 강력한 이념적 도구로 작용했음을 지적한다. 또한 블로크는 봉건적 계약이 국왕이나 영주에게도 백성의 복지 도모라는 의무를 부여한 것으로 생각했다. 그래서 그 의무가 제대로 지켜지지 않았을 경우 백성은 국왕이나 영주에게 저항할 권리가 있었다. 물론 이러한 블로크의 주장은 상당한 논란의 대상이 되고 있다.

무엇보다도 《중세 사회》의 뛰어난 점은 블로크가 다양한 역사적 자료를 이용하여 중세 사람들의 삶을 생동감 있게 보여주고자 한 것이다. 블로크는 서사시, 벽화, 기도문 등 중세시대의 정신적 소산들을 충분히 활용했다. 예를 들면 귀족층의 생활 세계와 감정 그리고 사고방식 등을

〈롤랑의 노래〉나 〈엘시드의 노래〉와 같은 전통적인 무훈 서사시를 이용하여 보여주었다. 전통 무훈 서사시만 이용한 것이 아니었다. 심지어 반역자 무훈 서사시도 많이 활용했다.

뿐만 아니라 블로크는 무훈 서사시, 기사 이야기, 기사도의 전범 같은 문학 작품과 역사적 자료를 활용하여 영주와 기사의 관계나 봉토 수수 관계가 어떻게 변화했는지도 알려준다. 블로크는 문학 작품이 영주와 기사들의 사고방식, 행동거지를 규제하는 일종의 모범으로 작용함으로써 영주와 기사들의 집단적 자의식 형성에 크게 한몫했다고 보았다.

중세 사람들의 독특한 의식구조에 대한 블로크의 설명 역시 흥미롭다. 예를 들면 숫자 개념의 결여, 이로부터 야기되는 시간 개념의 결여, 초자연적인 것에 대한 두려움 등을 서술한 부분은 《중세 사회》의 백미 중 하나로 꼽히고 있다. 그러나 중세 사람들의 의식에 대한 부정적 언급은 근대인의 사고방식으로 중세인을 바라본 문제점이 있다고 할 수 있다.

《중세 사회》는 마치 중세 서유럽을 배경으로 하는 한 편의 빼어난 대하소설 같은 느낌을 주는 역사서다. 별다른 설명 없이 불쑥 들이미는 예화 하나하나는 중세인들이 살아가던 삶의 갖가지 모습을 생생하게 드러내 보여준다. 그러므로 《중세 사회》는 중세 사람들의 삶의 총체성을 드러내주는 탁월한 작품이라고 할 것이다.

블로크는 역사에 일방적인 원인과 결과의 관계가 존재하지 않는다고 했다. 즉 존재하는 다양한 요소 사이의 상호작용을 중요시했다. 영국의 역사학자 토인비(Arnold Joseph Toynbee)는 역사에서 '도전과 응전'을 중요시했다. 다음의 두 글을 읽고 두 사람이 '역사 발전의 과정'을 어떻게 파악하고 있는지 생각해보자.

◆ ◆ ◆

특정한 거주 형태의 분포와 특정한 형태의 법률과 같이 전혀 다른 계열에 속하는 현상들을 병렬하는 경우에 원인과 결과라는 미묘한 문제가 제기되게 마련이다. 그런데 본질적으로 다른 두 계열의 현상을 수세기에 걸친 발전 과정에 비추어 비교해보면 '한쪽에는 모든 원인이 있고 다른 한쪽에는 모든 결과가 있다'고 말하는 것만큼 무의미한 이분법도 없을 것이다. 정신과 마찬가지로 사회도 끊임없는 상호작용의 조직이다.

– 블로크, 《중세 사회》 중에서

◆ ◆ ◆

◆ ◆ ◆

옛날에 옷을 입을 줄도 모르고, 집에 거주할 줄도 모르고, 불을 사용할 줄도 모르는 야만족이 열대에 있는 고향을 떠나 이른 봄부터 늦여름까지 북방으로 이동했다. 9월이 되어 밤에 추위를 느끼게 될 때까지 그들은 더운 고장을 떠나 추운 고장으로 와버린 줄은 꿈에도 몰랐다. 날이 갈수록 추위가 심해졌다. 날씨가 추워지는 이유를 알 수 없었던 그들은 이리저리 도망 다니기 시작했다. 그들 중 일부는 남쪽으로 되돌아갔다. 거기서 그들은 다시 옛 생활을 계속했다. 그리고 그들의 후예들은 오늘에 이르기까지 야만을 면하지 못하게 되었다. 다른 방향으로 흩어져 방황하던 사람들은 극히 일부를 제외하고 모두 멸종했다. 살을 에는 듯한 추위를 피할 길이 없던 일부 소수는 인간의 가장 높은 기능인 의식적인 발명의 능력을 사용하게 되었다. 그들 가운데 어떤 이들은 땅을 파고 구멍을 만들어 몸 둘 곳을 삼았다. 어떤 이들은 오막살이와 잠자리를 만들기 위해 나뭇가지와 잎사귀들을 모았다. 또 어떤 이들은 그들이 잡아 죽인 짐승의 가죽으로 몸을 가렸다. 오래지 않아 이 야만인들은 문명으로 향한 가장 훌륭한 진보의 발걸음을 내딛게 되었다. …… 이것이 진보 발전의 패러독스다. 만일 필요가 발명의 어머니라면 필요의 아버지는 고집이다. 고집이란 여러 가지 손실들을 끊어버리고 삶이 보다 편리한 데를 찾아가려는 것보다는 차라리 역경에서 견디어 이기며 살아가려는 결의다. – 토인비, 《역사의 연구(Study of History)》 중에서

◆ ◆ ◆

3부

시대를 읽는 눈

'트렌드'를 알라고 한다. 시대의 흐름을 읽으라는 말이다. 시대에 뒤처지면 패배자가 되고 말 것이다. 그래서 우리는 시대에 뒤처지지 않기 위해 인터넷을 뒤져 다양한 정보를 모은다. 그리고 다른 사람들의 움직임에 촉각을 곤두세운다. 그 대표적 사례가 유행이다. 우리는 누구나 유행에 뒤처지지 않기 위해 노력한다.

그러나 유행을 따르는 것이 진정 시대를 읽는 것일까? 겉으로 드러나는 유행을 따르는 것과 시대를 읽는 것은 다르다. 시대를 읽는다는 것은 시대정신을 파악한다는 것이다.

3부에서는 시대정신을 주제로 다섯 편의 글을 해설했다. 김시습의 《매월당집》, 이익의 《성호사설》, 이중환의 《택리지》, 정조의 《일성록》, 박제가의 《북학의》가 그것이다.

김시습은 개인적 좌절감 속에서 평생을 떠돌아다녔다. 그러나 김시습은 개인의 불행을 사회적 문제와 연관 지어 당대 사회를 비판적으로 읽어냈다. 조선 전기 사회의 문제점과 모순을 짚어내고 개혁을 촉구했다. 이익은 당쟁으로 희생된 형의 영향을 받아 평생 벼슬을 하지 않고 학문에만 전념했다. 이익은 임진왜란 이후 조선 사회가 변화하고 있음을 직감했다. 따라서 조선 사회의 적폐를 해소하기 위해 전반적 개혁이 필요하다고 역설했다. 이중환은 당쟁의 희생자로서 떠돌이 삶을 살았다. 사대부로서 온전한 삶을 살기 어려운 세상을 비판하며 사대부가 살 만한 곳이 어디인지를 찾았다. 정조는 군주로서 무너져가는 조선을 재건하고자 했다. 정조는 경직된 성리학이 시대에 맞지 않음을 간파하고 성리학의 학풍을 새롭게 일으켜 조선을 모범적인 민본 국가로 만들고자 했다. 박제가는 명분에 매달려 시대착오적인 인식을 하던 당대 지식인들을 비판하고 조선이 발전해나갈 길을 제시하고자 했다. 상품 화폐 경제의 발전이라는 시대적 흐름을 포착하여 상공업을 육성하고, 특히 외국과의 통상이 중요함을 강조했다.

시대의 흐름을 읽는다는 것은 발전의 걸림돌이 무엇인지를 파악하는 것이다. 그것은 꼭 고통과 고난을 통해서만 알 수 있는 것은 아니다. 모든 사물은 연관되어 있다는 유기체적 관점으로 관찰한다면 어디가 막혔는지를 알아낼 수 있다. 소소한 기득권에 안주하면서 시대의 변화를 보지 못한다면 바로 그런 자세가 시대 발전의 걸림돌이 될 것이다.

11

세상과 나는 모순되었다

김시습 《매월당집》

서울대 사상고전 100선에 선정된 핵심 포인트

세조의 찬탈에 반대하고 방외인의 삶을 살아간 김시습의 고민과 사상을 담은 책으로 조선 초기의 문학사와 철학사를 연구하는 데 중요한 자료가 된다. 우리는 이 책을 통하여 정치한 성리학 이론의 전개와 문학적 재미를 맛볼 수 있을 뿐 아니라 불의(不義)의 시대를 만난 지식인의 고민과 삶에 대한 진지한 태도도 함께 음미할 수 있을 것이다.

– 허남진 서울대학교 철학과 교수

뜻은 괴롭고 마음은 비장하다

> 태어나면서 품성의 바탕이 달라서 태어난 지 8개월 만에 스스로 글을 알아보았다. 최치운(崔致雲)이 기특히 여겨 시습이라 이름 지었다. 시습은 말이 더디었으나 정신은 영리하여 글을 대하면 입으로는 읽지 못했지만 뜻은 다 깨달았다. 세 살 때 시를 지을 수 있었고, 다섯 살 때 《중용(中庸)》과 《대학(大學)》을 깨쳤다. 사람들이 신동이라 했고 유명한 재상 허조(許稠)와 여러 사람들이 많이 찾았다.

이이(李珥)가 왕명을 받아 지은 《김시습전(金時習傳)》에 전하는 내용이다. 그 어려운 한자를 태어난 지 8개월 만에 알아보았다고 한다. 그 한자로 시를 지은 것은 세 살 때였다고 한다. 허조는 세종 때 우의정을 지낸 사람이다.

김시습(金時習, 1435~1493)은 서울 성균관 북쪽에 있는 사택에서 태어났다. 이름 '시습'은 《논어(論語)》의 제일 첫머리에 나오는 '학이시습지(學而時習之: 배우고 항상 익힌다는 뜻)'에서 따온 것이다. 김시습이 신동이라는 소문이 나자 세종대왕이 사실 여부를 확인하게 했다. 승지 박이창이 김시습을 궁궐로 불러 확인한 다음 보고하자 세종은 "시습의 학업이 성취되면 크게 쓸 것이다"라며 비단을 선물로 주었다. 이때부터 김시습의 이름이 세상에 널리 알려졌다. 사람들은 김시습을 '오세(五歲: 다섯 살)'라고 불렀다. 다섯 살 때 임금으로부터 인정을 받았기 때문이다. 천재 소년 김시습은 "어진 군주를 보좌하길 바라는" 주위의 기대에 부응하고자 열심히 공부했다.

그런데 1453년에 계유정난이 일어났다. 세종의 둘째 아들인 수양대군이 쿠데타를 일으켜 조카인 단종을 몰아내고 왕위에 올랐던 것이다. 이 소식에 김시습이 어떻게 반응했는지 《김시습전》을 보자.

> 경태(景泰: 명나라 대종의 연호) 연간에 세종과 문종이 돌아가시고 단종이 3년 만에 왕위를 물렸다. 이때 김시습은 스물한 살이었다. 그는 삼각산 산중에서 글을 읽고 있었다. 서울에서 온 사람에게서 그 소식을 듣자 방문을 걸어 잠그고 밖으로 나오지 않았다. 3일 만에 밖으로 나와서는 대성통곡을 하고 책을 다 불살라버렸다. 발광하며 뒷간에 빠졌다가 나와서는 달아났다.

김시습은 일생일대의 절망감을 느꼈다. 왕위 찬탈은 유학의 근본 도리가 무너졌음을 의미한다. 그래서 유학 경전을 모두 불살라버리고 승려가 되었다. 온전한 승려가 되려던 것은 아니었다. 이 세상에 자신이 서 있을 자리가 없다고 여겨 세상을 떠나고자 했을 뿐이다. 김시습은 불법(佛法)을 지키지 않았고 세상을 떠돌아다녔다. 사람들은 김시습을 미

친 중, 미친 사람, 괴물이라며 손가락질했다.

400여 년이 흐른 뒤 한용운은 김시습의 일생을 "그 뜻은 괴로웠고 그 마음은 비장했다"고 요약했다. 김시습은 비판 정신으로 시대를 읽었다. 그러나 그의 시대 읽기는 외면당했다. 그래서 '그의 뜻은 괴로웠다'. 그렇지만 김시습은 좌절하지 않았다. 세상을 비웃고 조롱하며 세상에 도전했다. 그래서 '그의 마음은 비장했다'. 이런 괴롭고 비장한 마음으로 쓴 글을 모아놓은 책이 《매월당집(梅月堂集)》이다. 《매월당집》은 중종의 명령으로 김시습이 지은 시와 논문 등을 모아 1520년경에 간행되었다.

세상과 어긋난 꿈을 품다

김시습은 왜 떠돌아다녔을까?

> 선비는 세상과 모순된 처지가 되면 물러나 스스로 즐기면서 지내는 것이 마땅한 도리입니다. 어찌 사람들의 비웃음과 조롱을 받으며 세상에 머무르겠습니까. – 김시습, 〈양양부사 유자한에게 보낸 편지〉 중에서

김시습은 자신이 세상과 모순된 처지라고 했다. 그것은 자신의 자아(自我)와 이 세상이 서로 용납하지 않는 관계라는 말이다. 김시습은 개

인적으로 불행한 처지였다. 출중한 재주를 가졌지만 집안은 보잘것없었다. 자신에게 기대를 보여주었던 임금과 신하들은 죽거나 쫓겨나 절망만이 남았다. 그렇지만 김시습은 개인의 불행을 개인의 문제로만 보지 않았다. 그렇게 보았다면 단순한 불평불만자가 되었을 것이다. 그는 자신의 문제를 세상의 문제와 연관시켰다. 김시습은 조선 팔도를 돌아다니며 수많은 삶의 현장을 목격했다. 그중 하나를 보자.

> 농부는 땀 흘려 일하며 한 해를 끝내고
> 누에 치는 아낙네는 쑥대머리가 되어 봄내 고생하는데,
> 취하고 배부르고 좋은 옷 입은 무리들이 성안에 가득하여
> 만나는 사람마다 편안하기만 하구나. – 김시습, 〈영산가고(詠山家古)〉 중에서

농촌에 사는 사람과 성안에 사는 사람이 이렇게 달랐다. 김시습은 이런 세상에 분노했다. 그래서 〈오호가(嗚呼歌)〉에서는 "살갗을 벗기고 피를 빨고 이미 뼈를 부수어놓고도/사치스러운 자들은 더 호사스러운 것을 욕심내어 만족할 줄 모른다"고 분노하고 규탄했다. 그러나 세상은 김시습의 분노와 규탄을 용납하지 않았다. 김시습은 미치광이 떠돌이 취급을 당할 뿐이었다.

그렇지만 김시습은 세상과의 투쟁을 멈추지 않았다. 그래서 세상에서 볼 수 없던 별난 책을 썼다. 바로 우리나라 최초의 소설인 《금오신화

(金鰲新話)》다. 《금오신화》 중 세 편은 귀신과 사랑을 나누는 이야기다. 죽은 여자와 애절한 사랑을 한다. 이 세상을 용납할 수 없기에 다른 세상의 여자와 사랑을 하는 것이다. 그러나 죽은 여자와의 사랑은 이루어질 수 없다. 이렇듯 자기의 뜻과 세상은 어긋난다. 《금오신화》는 자아와 세계가 서로 용납하지 않고 대립하는 현실을 형상화한 것이다. 그것이 김시습이 소설을 쓴 이유다.

또한 김시습은 《금오신화》의 〈남염부주지(南炎浮洲志)〉를 통해 철학과 정치에 비판을 가한다. 〈남염부주지〉는 철학 소설이다. 주인공 박생(朴生)이 우연히 염라대왕을 만나 귀신에 대해 묻는다. 이에 염라대왕이 답한다.

귀신의 귀(鬼)는 가장 신령스러운 음기(陰氣)를 말하고, 신(神)은 가장 신령스러운 양기(陽氣)를 말한다. 두 기운이 조화를 이루어 만물(萬物)을 만든다. 그래서 살아 있으면 사람이다, 사물이다 말하고 죽고 나면 귀신이라 한다.

두 기운이 조화를 이루어 만물을 만든다고 했다. 김시습은 이 주장을 〈태극설(太極說)〉에서 구체화하여 "태극은 무극(無極)이다. 태극은 음기와 양기다"라고 했다. 태극은 우주 만물의 근원을 말한다. 우주 만물의 근원인 태극은 기(氣)다. 이것은 우주 만물의 근원을 이(理)로 보는 당대

성리학에 대한 근본적인 비판이었다.

백성을 사랑해야 하는 이유

《금오신화》에 등장하는 귀신은 모두 억울하게 죽은 원귀다. 세상이 잘못되었을 때 원귀가 존재한다. 김시습은 〈애민의(愛民議)〉에서 백성들이 국가에 세금을 내는 이유는 왕이 현명하게 잘 다스려줄 것이라는 믿음 때문이라고 했다. 이런 믿음이 깨질 때 세상은 어지럽게 된다. 김시습은 자신이 살았던 시대가 그렇다고 보았다. 그래서 원귀를 등장시켰던 것이다.

원귀가 나타나는 세상은 어찌 될 것인가?

> 나라를 다스리는 자는 폭력으로 백성을 눌러서는 안 된다. 백성들은 겉으로는 두려워서 따르는 듯 보이지만 속으로는 거역할 뜻을 품고 있어 세월이 지나면 큰 재앙이 일어나게 된다. …… 나라는 백성의 것이고 명령은 하늘이 내린다. 하늘의 명령이 왕에게서 떠나고 백성의 마음 또한 떠나가면 아무리 몸을 보전하려고 해도 보전할 수 없다. – 김시습, 〈남염부주지〉 중에서

김시습은 자신의 인생을 회고한 시에서 자신의 소망을 썼다.

나와 세상은 심하게 어긋났고,
세월은 차츰 차츰 흐르는구나.
하늘이 나를 가엽게 여긴다면,
반드시 뒤바뀌는 날이 있으리라.

김시습이 살아 있는 동안 세상이 뒤바뀌는 날은 오지 않았다. 그러나 김시습의 애민 정신은 조선을 개혁하려는 후학들에 의해 계승되었다.

김시습은 자신의 처지가 세상과 모순되므로 물러나 유유자적하며 살겠다고 했다. 조선 중기의 문신 허균(許筠) 역시 자신과 세상이 서로 맞지 않으므로 한적한 곳에서 고요하게 살겠다고 했다. 다음의 두 글을 읽고 두 사람의 공통된 생각에 대해 알아보자.

◆ ◆ ◆

처신하는 것이 갈수록 서툴고 세상 물정에 어두워 남들과 비슷하게 살지 못했기에 어떤 사람들은 저를 바보라고 여겼고, 어떤 사람들은 저를 미치광이라고 했습니다. 소라고 부르든 말이라고 부르든 저는 모두 옳다며 고개를 끄덕였습니다. 지금의 임금(성종)께서 어진 인재를 등용하고 충신의 간언을 따르신다 하여 벼슬에 나아가고자 하는 바람을 가져보았습니다. …… 그러나 마치 둥근 구멍에 네모진 연장 자루를 맞추는 것처럼 제 자신과 세상은 서로 맞지 않았습니다. 옛 친구들은 이미 없어지고 새로운 친구는 아직 친숙하지 않으니 누가 제 속마음을 알아주겠습니까? 그래서 저는 다시 떠돌이 생활을 할 수밖에 없었던 것입니다. …… 선비는 세상과 모순된 처지가 되면 물러나 스스로 즐기면서 지내는 것이 마땅한 도리입니다. 어찌 사람들의 비웃음과 조롱을 받으며 세상에 머무르겠습니까. – 김시습, 〈양양부사 유자한에게 보낸 편지〉 중에서

◆ ◆ ◆

◆ ◆ ◆

집의 이름을 '사우'라고 지은 이유가 무엇인가? 허자(허균 자신을 가리킴)가 벗하는 이가 셋이 있으니 허자 자신을 거기에 넣어서 모두 넷이 되었다. 세 사람은 누구인가? 오늘날의 선비가 아니라 모두 옛사람(도연명, 이태백, 소동파를 가리킴)이다. 허자의 성품은 세상사에 서툴고 허황되어서 세상과 합치되지 아니하니 사람들이 떼 지어 욕하고 배척한다. 문에는 찾아오는 사람 없고 밖에 나가도 함께 갈 사람이 없다. ……내가 거처하는 집은 한적하고 외져서 찾아오는 사람도 없는 데다가 앞마당에는 오동나무가 그늘을 드리우고 뒷마당에는 대숲이 줄지어 서 있다. 그윽하게 고요함을 즐기면서 북쪽 들창에 세 분의 초상을 펼쳐놓고 분향하면서 절을 한다. 그리고 현관에 '사우재'라고 이름을 붙여놓았다.

– 허균, 〈사우재기(四友齋記)〉 중에서

◆ ◆ ◆

12

조선 실학의 커다란 호수

이익 《성호사설》

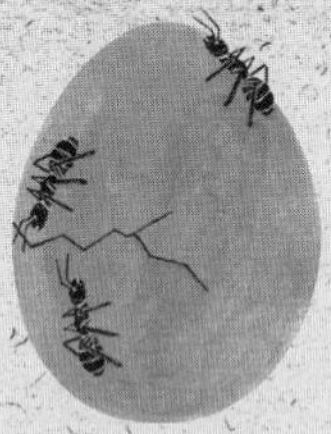

서울대 사상고전 100선에 선정된 핵심 포인트

조선 후기의 대표적인 실학자 가운데 한 사람인 이익이 40여 년에 걸쳐 생각이 미친 바를 그때그때 적어 모은 백과사전적인 저술이다. 이 책은 천지, 만물, 경사, 인사, 시문의 다섯 부분으로 나누어져 있는데, 유학, 시문 등 전통적으로 탐구되던 분야는 물론 역사, 지리의 고증, 새로 도입되기 시작한 서양 학문 등을 폭넓게 다루고 있어 당시 실학자들의 관심 방향과 성리학에서 근대적 사유로 전이되는 과정을 잘 보여주고 있다.

— 허남진 서울대학교 철학과 교수

농민과 함께 살다

예로부터 황해도와 평안도에는 큰 도둑이 많았다. 그중 홍길동은 시대가 멀어서 뭐가 어떠했는지 알 수 없지만 지금도 시정잡배들이 맹세할 때 홍길동의 이름을 들먹인다. 명종 때는 임꺽정이 단연 최고였다. 임꺽정은 양주의 백성이었다. 경기도에서 황해도에 이르기까지 그 일대의 아전들과 은밀히 내통하여 관가에서 잡으려 할 때마다 번번이 정보가 누설되었다. …… 그 후 숙종 때 장길산이 황해도에 출몰했다. 장길산은 원래 광대로 곤두박질을 잘했다. 보통 사람들보다 용맹하고 재빨랐기 때문에 도적 떼의 괴수가 되었다. …… 여러 고을의 군사를 징발하여 각각 주요 도로를 지키다가 밤에 쳐들어갔다. 그러나 적들이 미리 알고 더러운 욕설을 퍼부으며 흔적도 없이 도망쳤다. 그 후 병자년(1696년)에 역적을 잡아 조사하니 장길산의 이름이 나오기는 했지만 끝내 장길산이 어떻게 되었는지 아무도 몰랐다.

이익(李瀷, 1681~1763)은 〈임거정(林巨正)〉에서 조선의 3대 도둑에 대해 썼다. 물론 도둑들을 찬양하기 위해 쓴 것이 아니었다. 도둑들이 날뛸 정도로 나라의 기강이 해이해졌음을 한탄하면서 도둑들조차 잡지 못하는데 외적의 침입을 어떻게 막겠느냐고 우려했다. 이익은 평생 벼슬을 하지 않고 학문에만 전념했다. 이익의 학문은 성리학에만 머무르지 않았다. 이익은 정치, 경제, 사회, 문화 등 전 분야에 걸친 학문을 했다. 이익의 학문을 흔히 '실학'이라고 한다.

일찍이 이이는 《격몽요결(擊蒙要訣)》에서 "사람이 이 세상에 태어나 학문을 안 하면 사람이 될 수 없다. 학문이란 것은 평범한 것이지 이상스럽고 별다른 것이 아니다. …… 일상생활의 모든 일에서 그 일에 따라 각각 마땅한 바를 얻을 뿐이다"라고 했다. 어떤 일이든 하면서 깨우치는 이치가 학문이라는 말이다. 이이의 학문관은 실학의 시초라고 할 수 있다. 뒤를 이어 이수광, 유형원 등이 실학을 했다. 이 실학적 학풍을 이어받은 이익은 그 이전의 실학을 집대성했다. 그래서 이익의 학문에 대해 '실학의 넓은 바다'라고 부른다.

이익은 부친 이하진의 유배지인 평안도 운산에서 태어났다. 태어난 다음 해 아버지가 돌아가시는 바람에 홀어머니 밑에서 자라났다. 둘째 형에게 글을 배워 스물다섯 살 때 과거 시험을 보았으나 이름을 서식에 맞지 않게 쓰는 바람에 낙방하고 말았다. 스물여섯 살 때 형 이잠이 장희빈을 두둔하는 상소를 올렸다가 역적으로 몰려 죽임을 당했다. 이 사건에 충격을 받아 이익은 벼슬을 단념하고 학문 연구에만 전념했다. 이익은 평생 농민 곁에 살면서 농민들이 1년 내내 부지런히 일해도 빈곤을 벗어나지 못하는 것에 마음 아파했다. 그래서 조상들이 남겨준 토지와 노비로 살아가는 자신의 생활을 되돌아보며 검소한 생활을 했다. 이와 같은 마음가짐 덕분에 이익은 실학자가 될 수 있었다.

《성호사설(星湖僿說)》은 40년에 걸친 학문의 기록이다. 이익은 마흔 살 때부터 책을 읽다가 느낀 점, 제자들과 주고받은 이야기, 흥미로운 이야기를 그때그때 기록했다. 그 기록을 집안 조카들이 모아 제목을 '성호사설'이라 붙였다.

전혀 잡스럽지 않은 이야기

《성호사설》에서 '사설'이란 잡스러운 이야기 모음이란 뜻이다. 그러나 이 책은 이익의 학문적 진수를 보여주는 일종의 백과전서적인 저술이다. 전체 내용은 천지문(天地門), 만물문(萬物門), 인사문(人事門), 경사문(經史門), 시문문(詩文門) 등 다섯 개의 문으로 나뉘며 총 3700여 개의 항목이 수록되었다. 여기에는 천문, 지리, 역사, 관제, 군사, 경제, 풍속, 문학, 종교 등 다양한 분야의 내용이 포괄되어 있다.

이익은 당쟁의 희생자였다. 그래서 일찍이 당쟁을 일으키는 붕당 문제를 연구했다. 이익은 붕당이 이해관계에서 생겨난다고 보았다.

붕당은 싸움에서 생기고 싸움은 이해관계에서 생긴다. 이해관계가 절실하면 붕당이 깊어지고 이해관계가 오래될수록 붕당이 견고해지는 것은 당연한 이치다. 열 사람이 함께 굶주리고 있는데, 한 그릇의 밥을 같이 먹게 되면 그 밥을 다 먹기도 전에 싸움이 일어날 것이다.

– 이익, 〈붕당론(朋黨論)〉 중에서

이익의 주장은 당시 양반 정치의 모순성을 잘 드러낸다. 정치의 이해관계는 관직을 두고 생겨난다. 그런데 관직의 수는 정해져 있는 반면 관직을 얻으려는 양반의 숫자는 많기 때문에 싸움이 일어날 수밖에 없다. 이익은 양반 세계의 모순성이 붕당과 당쟁의 원인이 된다는 것을 분명하게 인식했다. 아울러 이익은 양반 생활의 모순성을 혹독하게 비판하며 양반들은 무위도식하지 말고 농업에 종사하라고 주문했다.

이익은 중농주의자였다. 농업이 발전하고 농민 생활이 안정되어야 나라가 튼튼해진다고 보았다. 농민에게는 특히 토지가 중요하다. 그래서 이익은 백성들이 토지를 골고루 점유할 수 있는 한전론(限田論)을 주장했다. 한전론은 일정한 넓이의 땅을 영업전으로 정한 다음 그 이상의 토지를 가진 농민에 한해 토지의 매매를 허락하고 그에 미치지 못하는 토지를 가진 농민에게는 토지 매매를 법으로 금하자는 것이다.

한전론을 주장한 이유는 상품 화폐 경제의 발전과 관련이 있다. 이익의 시대에 상품 화폐 경제가 발전하면서 토지를 잃는 농민들이 많아졌다. 먹고살기 어려운 농민들이 토지를 매매했기 때문이다. 그래서 이익은 한전론을 도입하여 농민들의 토지 상실을 막아야 한다고 주장했던 것이다. 아울러 이익은 화폐 유통에 반대했다.

유럽에서도 자본주의의 맹아가 싹트면서 중농주의자들이 등장했다. 유럽의 중농주의는 농업이 국부(國富)의 근원이라는 사상으로 18세기 후반에 등장했다. 그것보다 반세기 앞서 이익은 중농주의를 주장했다. 이익의 중농주의는 농업이 국부의 원천이라는 사고에, 농민에 대한 사랑이라는 애민 정신이 결합한 것이었다. 이익의 애민 정신은 다음과 같은 말에도 드러난다.

> 임금이 없어도 백성은 있을 수 있지만 백성이 없으면 임금은 있을 수 없다. 따라서 백성의 은혜가 임금의 은혜보다 더 중한 것이다. 어찌 수많은 백성의 힘으로 한 사람의 임금을 받들어 항상 물자가 부족하게 하고 혜택이 고루 돌아가지 못하게 할 수 있는가.

정약용의 할아버지 스승

이익은 우리나라 역사에 상당한 관심을 기울였다. 특히 중국 중심의 역사관을 극복하고자 했다. 당시 지배적인 역사관은 화이사상(華夷思想)이었다. 화이사상이란 중국 한족의 왕조를 중심에 두고 그 주변의 민족을 오랑캐로 보는 한민족 중심의 역사관을 말한다. 조선 학자들도 화이사상을 받아들여 조선을 소중화(小中華)라고 자처하기도 했다. 그래서 만주족이 세운 청나라에 대해서는 오랑캐의 나라라고 적대시하면서 이미 멸망해 없어진 명나라를 흠모했다. 그리고 우리나라의 역사를 중국 역사의 일부로 여기기도 했다.

이에 대해 이익은 "우리나라 사람들은 어리석게도 우리나라의 역사를 불신하고 언제나 중국의 역사에 의거해 기록했기 때문에 국토와 산수(山水)의 명칭이 어려워졌다"고 비판했다. 그리고 "중국은 거대한 대륙 안에 있는 하나의 지역에 지나지 않는다. 크게 보면 유럽도 하나의 나라이지만 작게 보면 초나라와 제나라도 하나의 나라일 뿐이다"라고 하여 중국 중심의 세계관을 극복하고자 했다. 이익의 역사관은 제자인 안정복(安鼎福)에게 이어졌다. 안정복은 우리나라 고유의 역사를 기록한 《동사강목(東史綱目)》을 지었다.

또한 이익은 자연과학에도 조예가 깊었다. 당시 중국을 통해 유럽의 과학적 지식이 전해지면서 조선의 유학자들 사이에 논란이 일었다. 다음 글은 이익이 자연과학에도 정통했음을 보여준다.

지구의 위아래에 사람이 산다는 학설은 유럽 사람들이 자세하게 논의했다. …… 김시진은 지구 위아래에 사람이 살고 있다는 설을 잘못된 것이라 여겼다. 이에 남극관이 글을 지어 이렇게 변론했다. "여기에 달걀 하나가 있다고 하자. 개미가 달걀 껍데기를 따라 돌아다

녀도 떨어지지 않는다. 사람이 땅 표면에 사는 것이 이것과 다르겠는가." 내 생각에 남극관은 김시진의 잘못된 말을 잘못된 말로 공격한 것이다. 개미가 달걀에 붙어 떨어지지 않는 이유는 개미의 발이 물건에 잘 달라붙기 때문이다. …… 이 문제는 마땅히 땅의 중심을 가지고 논해야 한다. 땅의 중심에서 보면 상하 사방이 모두 안으로 향해 있다. 그러므로 커다란 지구가 중앙에 달려 있는 채로 조금도 움직이지 않는다는 것을 추측할 수 있다. – 이익, 〈지구〉 중에서

이익은 불필요한 비유를 배제하고 '땅의 중심'이란 개념을 이용하여 지구가 둥글다는 것을 증명했다. 즉 상하 사방이 땅의 중심을 향해 있기 때문에 지구가 둥글어도 사람들이 떨어지지 않는다는 것이다. '땅의 중심'은 오늘날의 중력과 같은 개념이다.

이익은 조선 후기 실학사상에 있어 커다란 호수에 비유된다. 그전의 실학적 학문 전통이 이익이라는 호수에 합류되고 이 호수로부터 다시 사학, 지리학, 산학 등 각 지류로 나뉘어 조선 후기 실학의 각 분야로 흘러갔다. 이익은 수많은 제자들을 양성하여 하나의 학파를 이루었다. 안정복, 신후담, 권철신 등이 모두 이익의 제자였다. 그리고 이 제자들의 문하에 정약용이 있었다. 이익은 정약용의 할아버지 스승이었다.

이익은 사치가 풍속에서 생겼다고 말했다. 즉 아무것도 없는 사람이 겉치레에 급급하여 다른 사람만 못할까 두려워하여 사치를 하게 된다는 것이다. 미국의 사회학자 베블런(Thorstein Bunde Veblen)은 유한계급이 좋은 평판을 얻기 위해 과시적 소비를 한다고 했다. 두 사람의 글을 읽고 '오늘날의 소비생활'에 대해 생각해보자.

◆ ◆ ◆

옛날에는 사치가 욕심에서 생겼는데, 후세에 와서는 사치가 풍속에서 생기고, 욕심이 사치에서 생겼다. …… 자신의 수레나 말, 의복이나 집, 음식 등이 다른 사람만 못하면 크게 부끄러워하지 않는 사람이 없으니, 자기 자신은 아무것도 없으면서 겉치레에 급급하여 오직 다른 사람만 못할까 두려워한다. 가난한 선비가 집에서는 채소를 먹다가도 다른 사람을 대하면 성찬을 차려내는 것이나, 또 가난한 집 여자가 집에서는 때 묻은 옷을 입고 있다가도 손님을 맞이하면 성대하게 화장하는 것은 모두 겉치레에 힘쓰는 풍속이다. …… 사치는 반드시 재물이 있어야 하기 때문에 재물이 부족하면 온갖 계책으로 구하니, 거기에서 불의라는 것은 생각하지 않는다. 이러므로 사치는 풍속에서 생기고 욕심은 사치에서 생긴다고 말하는 것이다.

– 이익, 《성호사설》 중에서

◆ ◆ ◆

◆ ◆ ◆

값비싼 상품에 대한 과시적 소비는 유한계급이 좋은 평판을 얻기 위한 수단이다. 수중에 부를 축적한 유한계급이라도 다른 사람의 도움 없이 자신의 재력을 남들에게 과시할 수 없다. 값비싼 선물을 주거나 호화로운 잔치와 연회를 베푸는 것을 통해 동료나 경쟁자의 도움을 받게 된다. 선물과 잔치가 겉치레가 아닌 다른 유래를 가지고 있는지 모르겠다. 하지만 오래전부터 선물과 잔치가 과시의 효과를 가지게 되었고, 그런 특성은 오늘날까지 이어지고 있다. 예전부터 선물과 연회가 부를 과시하기 위한 수단으로 이용된 이유는 바로 이런 효과 때문이다. 선물 파티나 무도회와 같은 호화로운 연회는 과시의 목적에 특히 적합한 것이다.

— 베블런, 《유한계급론(The Theory of the Leisure Class)》 중에서

◆ ◆ ◆

13

사는 마을을 가려야 한다

이중환 《택리지》

서울대 사상고전 100선에 선정된 핵심 포인트

조선 후기 실학자인 이중환에 의해 쓰인 지리서다. 이 책은 현지답사를 기초로 저술되었는데, 내용은 크게 〈사민총론〉, 〈팔도총론〉, 〈복거총론〉으로 이루어져 있다. 종전의 군현별로 쓰인 백과사전식 지지(地誌)에서 벗어나 우리나라를 인문지리적 방법을 통해 총체적으로 다룬 새로운 지리서의 효시로서 지리서이기는 하나 그 내용이 역사, 경제사회, 교통 등 인접 분야도 폭넓게 다루고 있어 당시 사대부들의 사회 문화 의식을 담고 있다.

– 정옥자 서울대학교 명예교수

사람이 살기 좋은 곳이 어디일까

사람들은 어떤 곳에서 살고 싶어 할까? 몇 가지 답변을 들어보자.

"햇볕의 소중함을 깨달았다. 대도시에서는 햇볕을 온종일 받으며 살기가 쉽지 않다. 그래서 남쪽 지방의 드넓은 평야지에 있는 집으로 이사를 생각해본다. 북쪽으로 산이 있는 평야지에 살면 등산도 하고 온종일 햇볕을 누릴 수 있다. 자동차로 30분이면 갈 수 있는 갯벌이 있으면 해산물도 캐면서 살 수 있어 더욱 좋을 것이다."

"자그마한 집에 정다운 사람이 있고, 강아지가 뛰노는 앞뜰에는 시원한 물이 샘솟는 옹달샘이 있고, 뒤뜰에는 해마다 담근 장을 담아놓은 장독들이 있는 곳. 조금 멀지 않은 곳에 이웃들이 있고 자연이 함께 어우러진 곳. 지금은 도시에 살기에 갈 수 없지만 언젠간 꼭 가서 살고 싶은 곳이다."

"내가 살고 싶은 집은 이웃과 자연을 배려해 집의 안팎을 조금씩 비워둔 빈틈이 있는 집이다. 학교 갔다 돌아오는 자식을 아낌없이 품어주는 엄마처럼 이웃과 자연을 위해 비워둔 빈틈은 서로에 대해 예의를 갖추는 이타적인 공간이자 치유의 공간이다."

이 답변들에는 공통점이 있다. 살고 싶은 곳의 기준이 지금 살고 있는 곳이라는 점이다. 즉 지금과 다른, 지금 살고 있는 곳과 정반대인 곳에서 살고 싶다고 생각하는 것이다. 어떤 유치원에서 살고 싶은 곳을 그리라고 하니 한 유치원생이 호텔을 그렸다고 한다. 그 이유를 물어보자 호텔에는 수영장이 있기 때문이라고 대답했다고 한다. 이 유치원생 역시 마찬가지다. 지금 살고 있는 곳에 없는 것을 채워주는 곳이 살기 좋은 곳이라 생각한 것이다.

인간은 누구나 부족한 것을 채우고 싶은 욕망이 있다. 그 욕망이 살고 싶은 곳을 선택하는 기준으로 작용한다. 그러나 이중환(李重煥, 1690~1752)의 생각은 다르다. 이중환은 지리(地理), 즉 환경을 보라고 말한다. 살고 싶은 곳의 기준이 '나'가 아니라 '자연'이라는 것이다.

이중환은 어린 시절 대실학자 이익에게서 배웠다. 스물네 살 때(1713년) 과거에 합격하여 벼슬길에 나섰으나 정쟁에 휘말렸다. 당시 경종이 병약하여 연잉군(후의 영조)을 왕세제로 삼아 대리 섭정을 하게 했다. 얼마 후 정인중과 백망 등이 왕세제를 등에 업고 왕을 암살하려 한다는 고발이 들어와 16인이 투옥되는 사건이 일어났다. 이 고발 사건에 이중환도 가담한 것으로 지목되었다. 하지만 이내 고발 내용이 사실과 다르다는 것이 드러나면서 이중환은 무고를 했다는 혐의를 받게 되었다.

영조가 즉위하자 이 모함 사건에 연루된 것으로 지목된 이중환은 네 차례에 걸쳐 형을 받았다. 이중환은 자신의 가담 사실을 극구 부인했지만 영조는 그를 멀리 절도로 귀양 보내버렸다. 영조 3년에 유배에서 풀려났으나 사헌부의 상소로 다시 멀리 귀양을 가는 등 이중환은 정쟁에 휘말려 편치 않은 관직 생활을 해야 했다.

그러면 살기 좋은 곳에 대해 쓴 이중환은 주로 어디에서 살았을까? 이중환은 "차령(車嶺)의 남쪽 금강(錦江) 가에 사송, 금벽, 독락이라는 정자가 있다. 사송이 곧 나의 집이다"라고 했다. 오늘날 세종특별자치시 금남면 일대다.

조선조의 인문지리서

《택리지(擇里志)》는 이중환이 말년에 저술한 것으로 알려져 있다. '택리지'란 살기 좋은 마을을 선택하는 것에 관한 책이라는 뜻이다. 이중환은 발문에서 "내가 황산강(黃山江: 지금의 낙동강) 가에 머물 때 여름날에 아무 할 일이 없었다. 팔괘정에 올라 더위를 식히면서 우연히 저술을 했다. 이 책은 우리나라의 산천, 인물, 풍속, 정치 교화의 연혁, 치란(治亂)의 득실(得失)을 차례로 엮어 기록한 것이다"라고 했다. 이 책이 인문지리서임을 말해준다.

동계기인(東溪畸人), 즉 동쪽 계곡의 조그만 밭뙈기에 사는 사람이 썼다는 발문에는 "떠돌아다니는 신세가 되어 살 집도 없는 지경에 이르렀다. 말년에는 농사지으며 살기를 원했지만 그것마저 할 수 없었다. 그래서 《택리지》를 짓게 된 것이다"라고 썼다. 이중환이 집도 없이 떠돌이 생활을 했다는 것이다. 이중환은 떠돌이 생활을 하며 보고 들은 얘기를 《택리지》에 담았던 것이다.

《택리지》는 〈사민총론(四民總論)〉, 〈팔도총론(八道總論)〉, 〈복거총론(卜居總論)〉, 〈총론〉으로 이루어져 있다. 그중 핵심은 조선 팔도의 역사와 지리를 설명한 〈팔도총론〉과 사람이 살 만한 곳의 조건을 설명한 〈복거총론〉이다. 그런데 지리서를 쓰면서 맨 앞에 〈사민총론〉을 서술한 것이 이채롭다. 〈사민총론〉은 사대부의 신분이 농민, 장인, 상인과 달라진 원인과 내력을 서술한 것이다.

> 옛날에는 사대부가 따로 없고 모두 백성이었다. 그런데 백성은 네 가지로 분류되었다. 선비로서 어질고 덕이 있으면 임금이 벼슬을 시켰고 벼슬을 못한 자는 농민, 장인, 상인이 되었다.

그런데 시대가 흐르면서 변화가 일어났다.

> 선비로서 벼슬을 하지 못한 자는 비록 부귀를 누리지 못했으나 옛 성인의 법도를 지켰다. 집안을 다스리고 자신을 수양하는 것에 진실로 힘을 다하고 예도에 어긋남이 없었다. 그래서 벼슬을 하는 사람과 동

등한 신분이었다. 《시경》과 《서경》을 공부하고 인의와 예악(禮樂)에 따라 행동했다. 이리하여 사대부라는 명칭이 생겨났다. 명칭이 생기면서 지향하는 바가 달라졌다. 이런 까닭으로 농민, 장인, 상인은 천한 신분이 되고 사대부라는 명칭은 더욱 높아졌다.

처음에는 계층적 구분이 없었는데 시대가 변하면서 사대부들이 높은 계층이 되었다는 것이다.

〈팔도총론〉에서는 우리나라 국토의 역사와 지리를 서술한 다음 당시의 행정 구역인 팔도로 나누어서 그 지역의 산맥과 물의 흐름을 말하고, 그 지역과 관계있는 인물과 사건을 설명했다. 강원도 편을 예로 들어보자. 강원도의 위치와 자연환경을 설명하면서 숙부인 수양대군에 의해 폐위된 단종, 고려 말의 학자 원천석, 조선 중기의 정승 이항복, 후삼국 시대 태봉의 왕이었던 궁예같이 강원도와 연관 있는 인물에 대해 설명했다.

사대부는 갈 곳이 없다

이중환은 〈복거총론〉에서 사람이 살 만한 곳에 대해 네 가지 조건을 들어 설명한다. 이런 곳을 설명할 때는 인물보다 그 지역의 상업이나 경제

활동과 연관 지어 서술했다. 이익의 영향을 받은 실학자로서의 면모를 보여주는 것이었다.

살 만한 집을 잡을 때는 첫째, 지리가 좋아야 하고, 둘째, 생리(生利)가 좋아야 하며, 셋째, 인심이 좋아야 하고, 넷째, 아름다운 산과 물이 있어야 한다. 이 네 가지에서 하나라도 모자라면 살기 좋은 곳이 아니다. 지리가 좋아도 생리가 모자라면 오래 살 곳이 못되고, 생리가 좋더라도 지리가 나쁘면 이 또한 오래 살 곳이 못된다. 지리와 생리가 함께 좋아도 인심이 착하지 않으면 반드시 후회할 일이 생기고, 가까운 곳에 소풍 갈 만한 산과 물이 없으면 정서상 좋지 못하다.

첫째 조건으로 꼽은 지리는 풍수학적인 지리를 말한다. 그래서 "지리를 논하려면 먼저 물의 입구를 보고, 다음에 들판의 형세를, 다음에 산의 모양을, 다음에 흙빛을, 다음에 물이 흐르는 방향과 형세를, 다음에 앞산과 앞 물을 본다"라고 했다. 덧붙여 "물의 입구가 엉성하면 아무리 많은 살림이 있어도 여러 대로 전해지지 못하고 저절로 없어진다"거나 "물은 재물을 관장하는 것이므로 물가에 부자가 많다"라고 했다.

두 번째 조건으로 든 생리란 그 땅의 생산물에서 나오는 이익을 말한다. 이중환은 "재물이란 하늘에서 내리거나 땅에서 솟아나는 것이 아니므로 기름진 땅이 첫째이고, 배와 수레를 이용하여 물자를 교류할 수 있는 곳이 다음이다"라고 했다. 지금 우리는 생산과 유통의 중심지에 몰려 사는 것을 당연하게 생각한다. 그러나 이중환이 살았을 당시 이런 생각은 가히 혁명적인 것이었다. 당시 사람들은 자기가 태어난 곳에서 일생을 마치는 것을 당연시했다. 따라서 생산과 유통의 중심지로 옮겨 살라는 이중환의 사고는 시대를 앞지른 것이었다.

세 번째 조건인 인심에 대해 "풍속이 좋지 않으면 자손에게도 해가 미친다"라고 하면서도 "그러나 이것은 백성의 풍속을 논하는 것이고 사대부의 풍속은 다르다"라고 했다. 그리고 당쟁의 원인과 경과를 소상하게 기록하면서 "사대부가 없는 곳을 택하여 살며 교제를 끊고 제 몸이나 착하게 하면 즐거움이 있다"라고 말한다.

살기 좋은 곳의 마지막 조건인 산과 물에 대해 "산수가 좋은 곳은 생리가 박한 곳이 많다. 땅이 기름진 곳을 가려 살면서 10리 거리 혹은 반나절 거리에 산수 좋은 곳이 있으면 가서 시름을 풀고 돌아오는 것이 좋다"라고 했다. 풍경도 좋지만 먹고사는 생리가 먼저라는 얘기다.

그런데 이중환은 마지막 〈총론〉에서 사대부로서 살 만한 곳이 없다고 했다. 당쟁으로 인해 산림에 은거하고 있는 사대부라도 언제든지 큰 봉변을 당할 수 있기 때문이다. 사대부는 높은 신분이지만 사대부라는 명칭을 얻으면 갈 데가 없다. 그래서 이중환은 한탄한다. "글을 읽고 행실을 닦아 사대부가 된 것을 후회하고 도리어 농민, 장인, 상인의 신분을 부러워한다."

이중환은 살기 좋은 곳의 조건으로 네 가지를 들면서 그중 인심의 중요성을 말했다. 인심이 좋지 못한 곳에 살게 되면 후회할 일이 생긴다는 것이다. 미국의 문화인류학자 데오도르 베스터는 일본 도쿄 인근 마을인 미나모토쵸 사람들의 삶을 기록했다. 두 사람의 글을 읽고 우리 사회에서 '공동체적 삶'에 대해 생각해보자.

◆ ◆ ◆

살 만한 집을 잡을 때는 첫째, 지리가 좋아야 하고, 둘째, 생리가 좋아야 하며, 셋째, 인심이 좋아야 하고, 넷째, 아름다운 산과 물이 있어야 한다. 이 네 가지에서 하나라도 모자라면 살기 좋은 곳이 아니다. 지리가 좋아도 생리가 모자라면 오래 살 곳이 못되고, 생리가 좋더라도 지리가 나쁘면 이 또한 오래 살 곳이 못된다. 지리와 생리가 함께 좋아도 인심이 착하지 않으면 반드시 후회할 일이 생기고, 가까운 곳에 소풍 갈 만한 산과 물이 없으면 정서상 좋지 못하다. …… 인심을 말하는 이유는 무엇인가. 공자가 "마을 인심이 착한 곳이 좋다. 착한 곳을 가려서 살지 아니하면 어찌 지혜롭다 하랴"라고 했다. 또 옛적에 맹자의 어머니가 세 번이나 집을 옮긴 것도 아들의 교육을 위한 것이었다. 옳은 풍속을 가리지 아니하면 자신에게 해로울 뿐만 아니라 자손들도 반드시 나쁜 물이 들어서 그르치게 될 근심이 있다. 그러므로 살 터를 잡음에 있어서 그 지방의 풍속을 살피지 않을 수 없다. – 이중환, 《택지리》 중에서

◆ ◆ ◆

미나모토쵸에는 선술집과 음식점, 가라오케 등이 좁은 골목을 따라 즐비하게 늘어서 있다. …… 이곳에 새로운 사람이 이사를 오면 이사 온 사람은 바로 조그만 케이크나 수건 등을 가지고 자신을 소개하는 인사를 하러 다닌다. 이러한 인사는 새로운 가구가 주위의 이웃들과 공식적인 관계를 맺는 시작이다. 사람들은 이웃이 집을 비운 사이 서로의 집을 봐주고, 주부들은 특별 세일이나 새로 개점한 가게에 대한 정보를 나누며, 여행에서 돌아와서는 지방 특산물을 선물로 건넨다. 도쿄 인근 지역에서 채소를 재배하는 농민들은 한 달에 두서너 차례 미나모토쵸를 방문한다. 이들은 주로 할머니들인데 자신들이 가져올 수 있는 만큼의 채소를 가지고 와서 거리에서 팔기보다 벌써 수년째 방문해온 미나모토쵸의 가정을 한 집 한 집 찾아간다. 쯔노다 아줌마는 자신이 어릴 적부터 집에 찾아온 채소 파는 할머니에게서 채소를 사는데, 자신이 필요한 것보다 좀 더 사서 이웃에 나눠준다. 지난번에 이웃이 보낸 선물에 대한 보답이다.

– 베스터, 《도쿄의 이웃》 중에서

◆ ◆ ◆

14

임금이 하루하루 반성하다

정조 《일성록》

서울대 사상고전 100선에 선정된 핵심 포인트

조선조의 철인 왕 정조의 언행을 기주(記注)의 법에 따라 기록하여 반성의 자료로 삼고자 한 책이다. 수양론에서부터 인물평, 역사, 서학까지 포함하는 당시의 학문 경향, 군주와 사대부의 사명 등에 대한 정조와 당시 사대부들 간의 의견 교환으로 이루어진 이 책은 정조의 해박함과 더불어 당시 위정자들의 주된 관심사가 무엇인지, 그리고 그들의 정치에 임하는 태도가 어떠했는지를 잘 보여주고 있다.

– 허남진 서울대학교 철학과 교수

이익을 입에 담지 마시옵소서

"의(義)를 뒤로하고 이(利)를 앞세우는 것은 의를 앞세우고 이를 뒤로하는 것의 반대다. 참으로 의를 뒤로하고 이를 앞세우면 착한 것과 나쁜 것이 뒤섞이고 도덕과 욕망이 뒤집혀 진실로 재앙이 한꺼번에 닥칠 것이다. 만약 어떤 사람이 의를 앞세우고 이를 뒤로한다면 선후를 지키는 와중에 경중의 구분이 차츰 생기고 본말의 순서를 얻게 될 듯하다. 이러한 자는 비록 성인이 보더라도 참으로 깊이 물리치지는 않을 것이다."

정조(正祖, 1752~1800)가 신하들과 함께 공부하면서 말했다. 이에 대해 정만석이 대답했다.

"의와 이는 향초와 악취가 서로 어울리지 않고 얼음과 숯이 함께할 수 없는 것과 같습니다. 의를 뒤로하고 이를 앞세우거나 의를 앞세우고 이를 뒤로하거나를 막론하고 이에 관련되기만 하면 곧 의리의 올바름이 아닙니다."

무슨 말을 주고받는 것일까? 이 의문을 풀려면 《맹자》의 첫머리에 나오는 이야기를 알아야 한다. 양혜왕(梁惠王)이 맹자에게 말했다. "선생이시여, 우리나라를 이롭게 할 방책에 대해 말씀해주십시오." 맹자가 정색하며 말했다. "임금께서는 하필 이(利)에 대해 말씀하십니까! 진정한 가치는 인의에 있습니다." 의를 말해야지 이를 말해서는 안 된다는 말이다.

아마도 정조는 신하들과 함께 이 대목을 공부하고 있었던 것 같다. 정조의 질문은 이러하다. 의를 앞세워야 하지만 의와 이를 함께할 방법은 없는가. 그러자 정만석이 딱 자른다. 이를 입에 담아서도 안 된다고.

이란 무엇인가? 이익이다. 인간은 누구나 자신의 이익을 추구한다. 이익 추구를 생각하지도 말라는 것은 인간의 본성을 억압하는 것과 같다. 유럽의 애덤 스미스(Adam Smith)는 인간의 자기 이익 추구가 사회적 발전을 가져온다고 하지 않았는가. 그러나 유학은 인간의 이익 추구를 부정한다. 이익 추구는 소인(小人)이나 하는 것이지 군자의 도리는 아니라는 것이다.

정조는 이런 생각에 도전했다. 신하들과 함께 《맹자》를 공부하면서 이익에 대한 질문을 거듭한다. "모든 것이 이익에 기반을 두지 않는가. 이익을 존중하는 대신 이익을 조정하는 것이 중요하지 않겠는가. 이익 자체를 부정하거나 말살해서는 안 되지 않는가." 그러나 신하들의 답변은 요지부동이었다. "전하, 이익이란 말조차 입에 담지 마시옵소서!"

정조를 흔히 '개혁 군주'라고 한다. 조선시대에 공부를 많이 한 임금을 꼽으라면 단연 세종과 정조다. 세종은 임금이 되기 전부터 하도 공부를 많이 해서 병이 났다. 병이 나서 요양을 가면서도 가마 안에서 책을 읽었다고 한다. 정조 역시 스스로 "나는 어릴 적부터 다른 취미는 없어서 오직 책을 읽으며 살았다. 책을 읽느라 심신에 피로가 쌓인 지 수십 년이다. 책으로 하여 생긴 병 때문에 늘 가슴이 답답하고 뜬눈으로 밤을 지새우기도 한다"고 말했다.

정조가 진보적 사상을 가졌던 것은 아니었다. 정조는 해이해진 기강을 바로잡고 성리학에 입각한 모범 국가를 재건하고자 했다. 다만 형해화한 성리학이 아니라 생동하는 성리학을 세우기 위해 성리학의 여러 문제를 근본에서부터 재검토하고자 했던 것이다.

조정의 일일 보고서

정조는 조선 22대 임금이다. 당파 싸움을 없애기 위한 탕평책을 써서 인재를 고루 등용하고자 했다. 또한 농업구조를 개선하고 참혹한 형법을 폐지하며 사치를 금지해 백성이 편히 살 수 있는 터전을 마련하기도 했다. 그리고 규장각을 설치하여 전국의 인재를 뽑아다 학문 연구와 저작 편찬에 힘쓰게 했다.

정조는 증자(曾子)의 가르침에 따라 자신의 행실을 반성하는 데 힘써서 반성한 내용을 그날그날 반드시 적어두었다. 임금이 되기 전부터 시작한 일기 쓰기는 재임 기간에도 계속 이어졌다. 이런 정조의 일기를 모아 규장각에서 편찬한 책이 《일성록(日省錄)》이다. '일성록'이란 매일매일 반성하는 일기라는 뜻이다. 정조에서 시작된 전통은 그 뒤에도 이어졌다.

이복원은 《일성록》 서문에서 《일성록》을 편찬한 이유를 다음과 같이 썼다.

> 임금이 하는 일을 차례로 그날그날 적어가면 그 기록이 달이 가고 해가 감에 따라 쌓이고 쌓인다. 이것이 이른바 역사다. …… 이 역사에는 치란의 자취가 있고 뒷날을 위한 거울과 경계가 있다. 그러나 역사는 엄정하게 그리고 비밀리에 기록된다. 그러므로 옛것을 거울 삼는 것보다 지금을 잘 살피는 것이 더 중요하며, 남의 일을 살피는 것보다 내 자신을 반성하는 것이 더 중요하다. 이러한 사정으로 《일성록》을 만들게 되었다.
>
> 우리 임금(정조)께서 나이 어리실 때부터 임금 자리에 오르시기까지 그 동정과 언행을 하루도 빼지 않고 적어두셨다. 날이 가고 해가 감에 따라 이 기록들을 차례로 엮어두시고 아침저녁으로 반성하시는 자료로 삼으셨다. 이 기록은 역사와 같이 시비를 가리는 데 도움이 되나 역사와 같이 비밀리에 간직되는 것은 아니다. 처음에는 임금께

서 직접 쓰셨으나 뒤엔 규장각의 관원들에게 맡겨 쓰게 하고 임금께서는 결재만 하셨다.

《일성록》은 임금이 보기 위해 만든 책이다. 그래서 찾아보기 쉽도록 각 기사의 첫머리에 제목을 붙여놓았다. 임금은 《일성록》을 보며 조정에서 일어난 사실을 다시 살피고 과연 나라를 잘 다스렸는지를 반성했다고 한다.

명쾌한 결론을 내리다

《일성록》에 어떤 내용이 담겨 있는지 한두 대목을 보자.

본관이 아뢰기를, "동맹휴학한 이유를 물었더니, 유생들이 글로 써서 전달하기를, '이혜조 부자가 송시열 선생을 모욕한 사실로 인하여 시험 거부에 이르렀습니다. …… 이혜조가 지난 과거 시험에 대해 비평을 해대자 곁에 있던 한 유생이 그것은 송시열 선생의 《주자대전차의(朱子大全劄疑)》에 관한 설이라고 말했습니다. 이에 이혜조가 많은 사람들 앞에서 팔을 걷어붙이고 큰소리로 심한 욕설을 했습니다. 그래서 당시에 이 광경을 목격한 유생들이 이혜조의 자손과는 어깨를 나란히 하고서 과거를 보지 않겠다고 맹세하면서 이러한 뜻을 대사성(大司成)에게 알렸습니다. …… 이번 과거 시험장에 이혜조의 아들 이한조가 있어서 스스로 알아서 나가게 했으나 이한조의 형제들이 화를 내면서 마구 욕설을 했기에 과거 시험장에 있던 유생들이 일제히 시험장 밖으로 나가버렸습니다. 송시열 선생의 도학과 절의는 백세의 표준이 되며, 《주자대전차의》는 후학들에게 은혜를 준 것인데, 저 이혜조란 자가 여러 사람이 모인 자리에서 함부로 욕설을 하고, 그의 아들 이한조도 감히 명륜당 뜰에서 무함하고 헐뜯는 말을 했으니. …… 마땅히 중벌을 내려 징계해야 합니다. 이한조에게는 약간의 처벌이 있었지만 이혜조의 경우 높은 벼슬을 한 선비에게 벌을 내리는 문제는 조정의 금령이어서 죄를 성토할 수 없으니, 아, 통분할 일입니다. 이혜조의 죄를 묻지 못했으니 송시열 선생이 당한 치욕을 씻을 수가 없습니다. 저희들이 송시열 선생을 높이 추앙하고 송시열 선생의 성심을 표준으로 삼고 있는데, 어찌 버젓이 학당으로 들어갈 수 있겠습니까' 라고 했습니다. 신(臣)이 여러 차례 들어가도록 권유했으나 유생들이 끝내 말을 듣지 않으니, 어떻게 해야겠습니까?"

임금님께서 하교하셨다. "이혜조의 일은 매우 놀랍고 망녕되구나. 마땅히 처분이 있을 것이니, 유생들은 즉시 들어가도록 권유하라."

송시열의 제자들인 노론파가 권력을 잡고 있을 때였다. 송시열을 비판한 이혜조 부자를 처벌해달라고 유생들이 동맹휴학을 했다. 동맹휴학에 대한 대처가 강제 진압이 아니라 권유인 것이 놀랍다.

백성들의 폐단에는 어떻게 대처했는지도 보자.

금군 최덕우가 다음과 같이 의견을 아뢰었다.

"제가 강가의 마을에서 자랐기 때문에 어민들의 폐단을 어려서부터 잘 알고 있습니다. 강가에는 아주 나쁜 세 가지 폐단이 있습니다. 그 한 가지는 빙어선(氷漁船)을 한곳에 머무르게 하는 데서 오는 싸움입니다. 한곳에 머무르게 하는 것은 한 사람의 이익을 위한 것입니다. 여러 곳에 머무르게 하는 것이 많은 백성을 위하는 일입니다. …… 다음의 한 가지는 얼음계가 얼음을 독차지하여 판매하는 일입니다. 얼음 창고가 많으면 얼음 값이 떨어지고 적으면 얼음 값이 오르게 마련입니다. 지난날에는 한강의 위쪽과 아래쪽에 30개 가까운 얼음 창고가 있었는데, 지금은 얼음계에서 독차지하여 여덟 개의 얼음 창고만을 두고 있습니다. …… 셋째 폐단은 어민이 송사를 좋아하는 일입니다. 큰 일이건 작은 일이건 함부로 재판을 걸어 일을 까다롭게 만듦으로써 단정하고 성실한 풍속을 무너뜨립니다."

임금님께서 다음과 같이 대답하셨다.

"빙어선 문제는 한성판윤이 맡아서 처리하고, 얼음계에 관한 문제는 빙고에서 말아 처리하라. 어민들의 소송 문제는 형조와 한성부의 5부에서 어민들의 소란스러운 소송을 엄하게 금지하도록 하라."

《일성록》은 정조 이후에도 계속 편찬되어 1910년까지 간행되었다. 따라서 《일성록》은 1760년부터 1910년까지 150년간에 걸쳐 우리나라에서 일어난 중요한 사실들을 그날그날 기록한 종합적 사료라 할 것이다.

정조는 임금에 오르기 이전부터 매일매일 자신이 한 일을 기록하여 반성하는 자료로 활용했다. 프랑스의 철학자 루이 알튀세르(Louis Althusser)는 자신의 행위를 해명하기 위해 자서전을 집필했다. 자신들의 행위를 기록한 두 글을 읽고 '공통점과 차이점'을 생각해보자.

◆ ◆ ◆

임금이 하는 일을 차례로 그날그날 적어가면 그 기록이 달이 가고 해가 감에 따라 쌓이고 쌓인다. 이것이 이른바 역사다. …… 이 역사에는 치란의 자취가 있고 뒷날을 위한 거울과 경계가 있다. 그러나 역사는 엄정하게 그리고 비밀리에 기록된다. 그러므로 옛것을 거울 삼는 것보다 지금을 잘 살피는 것이 더 중요하며, 남의 일을 살피는 것보다 내 자신을 반성하는 것이 더 중요하다. 이러한 사정으로 《일성록》을 만들게 되었다. …… 날이 가고 해가 감에 따라 이 기록들을 차례로 엮어두시고 아침저녁으로 반성하시는 자료로 삼으셨다. 이 기록은 역사와 같이 시비를 가리는 데 도움이 되나 역사와 같이 비밀리에 간직되는 것은 아니다.

– 이복원, 《일성록》 서문 중에서

◆ ◆ ◆

◆ ◆ ◆

나는 이제까지 그 누구도 하기를 원치 않았거나 할 수 없었던 일을 했다. 마치 제3자의 일인 것처럼 나는 모든 '자료들'을 나의 경험에 비추어 정리했다. 그리고 나는 온전한 정신으로 나의 책임 아래 나 자신을 공개적으로 해명하기 위해 말문을 열기로 결정했다. …… 나는 나 자신에 대해 어느 정도 명료하게 해명할 수 있게 되었다. 뿐만 아니라 비판적 '고백'의 선례가 전혀 없었던 하나의 구체적 경험, 즉 내가 겪은 심각하면서도 끔찍한 경험에 대해 다른 사람들이 깊이 생각해보기를 권하는 입장에 서 있다고 생각한다. …… 내가 모든 것을 희생하면서 드러내려고 하는 것은 정서적 감정 상태의 충격이다. 그 충격은 내 존재에 결정적인 영향을 주었다. 또한 그 충격은 내 존재를 이러한 형태로, 즉 내가 나 자신을 알아보게 되고 다른 사람들도 나를 알아볼 수 있으리라 여겨지는 그런 형태를 만들었다.

– 알튀세르, 《미래는 오래 지속된다(Avenir Dure Longtemps)》 중에서

◆ ◆ ◆

15

시대를 앞선 진보적 사상

박제가 《북학의》

서울대 사상고전 100선에 선정된 핵심 포인트

조선 후기의 문장가이자 개혁 사상가였던 박제가의 북학 사상을 담은 책이다. 박제가는 이 책에서 조선 후기 사회의 제 모순을 해결하기 위해서는 성리학적 명분론과 도덕 지상주의에서 벗어나 선진적인 청의 문물제도를 과감히 받아들이고 상공업을 진흥하여야 한다고 역설했다. 이러한 박제가의 사상은 성호 학파의 토지 경제 사상과는 또 다른 실학의 면모를 보여주고 있다.

– 허남진 서울대학교 철학과 교수

북벌이 아니라 북학이다

> 지금 사람들은 아교와 옻칠의 껍질에 가려 꿰뚫어 헤쳐보지 못하고 학문도 속된 껍질에 갇혀 있으며 문장 또한 속된 껍질에 갇혀 있다. …… 나와 친하다는 사람도 나를 미더워하지 않고 제 것을 믿으며, 스스로 나를 미더워하던 사람도 이상한 뜬 말을 듣고 평생 크게 믿는 것을 의심하고 나를 비방하는 자의 말을 믿는다. 나는 그들이 믿지 못하는 이유를 알 수 있다. 지금 사람은 호(胡) 자 하나만으로 중국을 말살하려 한다. 내가 중국의 풍속이 이처럼 훌륭하다고 하면 사람들이 바라던 것과 크게 다르다. …… 사람들에게 시험 삼아 "만주 사람들은 말소리가 개 짖는 것 같고 음식은 역한 냄새 때문에 옆에 갈 수가 없으며 뱀을 시루에 쪄 먹고 황제의 누이는 음탕하기 짝이 없다"고 말하면 사람들은 반드시 기뻐하여 그 말을 전하기에 바쁘다.

박제가(朴齊家, 1750~1805)는 《북학의(北學議)》 외편인 〈북학변(北學辨)〉에서 이렇게 말한다. 조선 사람들은 저 무식한 오랑캐 만주족이 한족의 명나라를 물리치고 중국을 차지한 사실을 믿고 싶어 하지 않았다. 그러나 박제가는 당시 조선의 지식인들이 애써 외면하던 사실을 말한다. 사실을 사실로 받아들일 때 진보가 시작된다.

박제가는 자신의 대의를 '북학'으로 표현한다. 당시 지배적 이데올로기는 '북벌(北伐)'이었다. 효종이 임금에 오른 직후 송시열을 중심으로 북벌론이 제기되었다. 인조가 무릎을 꿇고 항복한 치욕을 씻기 위해 청나라에 복수하자는 것이다. 그래서 조선을 소중화라고 자처하면서 청나라를 오랑캐라 폄하했다. 그러나 조선에는 북벌을 할 실력도 의지도 없었다. 지배층이 이데올로기적 지배를 강화하기 위해 북벌을 내세웠을 뿐이다. 유럽에서 자본주의로의 이행이 시작되고 새로운 과학적 발전이 이루어지던 시기에 조선은 당대의 선진국인 청나라와 교류를 차단했다. 이때부터 조선은 시대적 흐름에 뒤처지기 시작했다.

북학, 즉 북쪽의 청나라에서 배우자는 주장은 조선에서 대단히 불온한 말이었다. 그러나 박제가는 북학을 통해 청나라의 선진 문물을 겸손한 마음으로 배우자고 했다. 조선의 발전을 위해 허울뿐인 북벌의 명분을 버리고 실리를 선택해야 한다는 주장이었다. 북학은 당시 최고의 개혁적 사상이었다.

박제가는 서자로 태어나 서러움을 겪었다. 그러나 서자 출신으로서 당해야 했던 수모는 사회를 바로 볼 수 있는 눈을 키워주었다. 열여덟 살 때 평생의 친구인 이덕무, 박지원, 유득공, 이희경과 교유관계를 맺는다. 그들과 함께 침식을 같이하다시피 하며 공동으로 학문 연구를 했다. 후세 사람들은 그들을 가리켜 '북학파'라고 부른다.

스물아홉 살이 되던 1778년에 박제가는 중국 여행을 하게 되었다. 당시 재상이었던 채제공이 자신의 연행길에 박제가를 동행하게 했다. 박제가는 연경(당시 청나라의 수도, 오늘날의 베이징)에 30일간 머물렀다. 그리고 중국 여행에서 돌아와 연경에서 보고 들은 것을 바탕으로 자신의 생각을 정리해 《북학의》를 탈고했다.

생활과 직결된 조선의 진보

박제가는 북학을 '생활과 백성에 직결된 학문'이라고 했다. 이런 시각에서 백성의 생활에 필요한 여러 가지를 제안했는데, 그중 대표적인 것이 수레와 벽돌의 사용이다. 고구려 때는 많이 사용되던 수레가 조선에서는 거의 사용되지 않았다. 그 이유가 조선에는 산길과 고갯길이 많기 때문이라고 했다. 박제가는 수레를 이용한 새로운 사회경제 패러다임을 제시한다.

> 수레를 운행하면 길은 저절로 닦일 것이다. 동쪽으로 대관령, 남쪽으로 세재, 북쪽으로 철령과 령, 서쪽으로 동선령으로 길이 트이면 통하지 않을 곳이 없다. …… 우리나라는 수레가 쓰이지 않아 기계를 만드는 관직이 마침내 폐지되었고 기술도 퇴보했다. 길과 집은 규격이 없어 고통스럽고 사람들이 견디기 힘들게 된 것이 대개 이로 인

한다. …… 까닭에 영동에서 꿀이 생산되나 소금이 없고, 관서에는 철이 생산되나 감귤이 없으며, 북도에서는 삼이 잘되어도 면포는 귀하다. 산골에는 붉은 팥이 흔하고 해변에는 창난젓과 메기가 많다.

– 박제가, 《북학의》 〈수레구칙(車九則)〉 중에서

길이 없어 수레를 사용하지 않은 것이 아니라 거꾸로 수레를 쓰지 않아 잘 닦인 길이 없었던 것이다. 그래서 사람들은 등에 지거나 말에 매고 물건을 나른다. 시간은 늦어지고 물동량은 딸린다. 조선은 동맥경화에 걸린 것처럼 길이 막혀 있었다. 그 막힘을 뚫는 방법이 수레의 사용이다. 박제가는 물자 수송이 원활하지 못했기 때문에 사회적 빈곤이 가중될 수밖에 없다고 보았다. 박제가의 뛰어난 점은 하나의 사물을 하나로만 보지 않는 점에 있다. 박제가는 하나의 사물을 보며 다른 사물과의 연결점을 간파했다. 수레는 하나의 사물이지만 길과 물자의 수송과 연결된다.

박제가가 청나라에서 목격한 것들 중에 인상 깊었던 것이 벽돌이었다. 당시 조선에서는 흙을 대충 발라 집을 지었다. 집은 견고하지 못하고 대단히 불편했다. 박제가가 벽돌을 이용해야 한다고 말한 것은 단지 벽돌집에 한정되지 않는다. 박제가가 말하려던 것은 한 장의 벽돌이 아니라 벽돌 사용을 통한 건축 양식의 변화였다. 박제가는 벽돌이 가져올 변화에 대해 이렇게 말했다.

백성들이 매일 쓰는 것은 반드시 서로 도와 행하여야 한다. 지금 나라에 벽돌이 없어 나 혼자 만들려고 하면 벽돌을 굽는 가마도 내가 만들어야 하고, 거기에 바르는 회도 내가 만들어야 하며, 벽돌을 운반하는 수레도 내가 만들어야 한다. 여러 가지 공장의 일도 내가 해야 하니 이로움이 얼마겠는가? 시골에 흙과 땔나무가 족할 것 같으면 흙벽돌을 만들어도 괜찮다. 벽돌을 만들 때, 반드시 관청에서 좋은 가격으로 백성에게서 벽돌을 산다면 10년 안에 나라는 모두 벽돌로 될 것이다. 나라 안이 모두 벽돌로 된다면 기필코 하려고 하지 않아도 흔해지고 흔해지면 다른 물건도 그와 같이 될 것이다.

– 박제가, 《북학의》 〈벽(甓)〉 중에서

박제가는 벽돌을 통해 경제학의 한 면을 보여준다. 벽돌을 쓰기 위해서는 수요가 발생해야 한다. 수요를 발생시키기 위해서 관은 벽돌을 사고 그 벽돌로 건축을 해야 한다. 벽돌에 대한 수요가 많아지면 당연히 벽돌을 만드는 공장도 많아질 것이다. 그러면 벽돌은 저렴한 일용재로 변할 것이다. 비록 지금 생각하면 간단하지만 당시 이런 생각은 획기적인 것이었다.

양반을 상업에 종사하게 하자

박제가는 농업에도 관심을 기울였지만 역시 그의 핵심 사상은 상업관에 있다. 당시 지배층은 물론이고 대부분의 실학자들도 중농주의를 주장한다. 즉 그들은 농업과 상업의 관계를 대본(大本)과 말업(末業)의 관계로 보고 화폐 유통과 소비를 억제해야 한다고 주장했다. 그러나 박제가는 상업의 의의와 필요성을 인식하고 적극적인 상업 장려와 상업의 바탕이 되는 생산의 진흥을 강조한다. "경제란 우물과 같아 이를 줄곧 이용하지 않으면 말라버린다. 쓸 줄 모르면 만들 줄 모르고, 만들 줄 모르면 민생은 날로 어려워진다"는 말은 박제가의 사상을 집약적으로 보여준다.

그러면 조선의 경제 발전을 가로막는 원인은 무엇인가? 박제가는 놀고먹는 양반이 너무 많다고 주장한다. 벼슬을 해야만 녹을 받을 수 있는데, 특권적 신분만 세습되고 벼슬을 하지 못하는 양반의 숫자가 많아졌다. 그 양반들이 생활 방편으로 백성에 대한 수탈을 일삼기 때문에 농민과 수공업자들이 살 수 없게 되었다는 것이다. 그래서 박제가는 그런 양반들이 상업에 종사하는 것을 허용하고, 국가가 점포 대여 등을 장려할 것을 주장한다. 박제가는 한 상소문에서 이렇게 말한다. "저는 무릇 물과 육지의 교통을 통해 판매하고 무역하는 일을 모두 문벌 좋은 집안의 자손에게 허락하고 그들을 호적에 올릴 것을 청합니다. 재물을 빌려주거나 가게를 만들게 해서 업적이 드러나면 발탁하여 날로 이익을 추구하게 합니다. 문벌 좋은 집안의 자손들에게 점점 놀고먹는 추세를 없애서 생업을 즐기는 마음을 열어주면 이는 또한 풍속을 변화시키는 데 도움이 될 것입니다."

상업 장려에 대한 주장은 통상론으로 이어진다. 박제가는 중국과의 해로 통상을 주장하고, 더 나아가 국력을 길러 더 많은 나라들과 통상할 것을 역설했다. 박제가의 통상론은 북학파 내에서조차 지지받지 못했다. 박지원은 물론 이덕무도 박제가의 주장에 반대했다. 박제가의 주장은 개방의 중요성을 강조한 것이었다. 《북학의》가 나오고 약 100년 후에 조선은 일본에 의해 강제로 문호를 개방하게 된다. 이것을 생각하면 박제가의 자주적 개방론은 선견지명이라 할 수 있다.

박제가의 사상에는 다른 실학사상가들에게서 찾아볼 수 없는 독특한 진보성이 있다. 특히 중상주의론은 조선 말기 변화하는 시대적 상황을 예리하게 포착한 것이었다. 유럽의 경우 자본주의의 맹아가 발전하고 있을 때 중농주의와 중상주의의 논쟁이 나타난다. 그리고 중상주의는 자본주의의 발전에 커다란 영향을 미친다. 우리나라의 경우에도 조선 말기에 부분적이기는 했지만 자본주의의 맹아적 요소들이 발전한다. 이런 시대에 박제가의 중상주의는 자본주의 발전을 위한 유력한 정책이 될 수 있었을 것이다.

박제가가 진보적인 사상을 펼칠 수 있었던 밑바탕에는 무엇이 있었을까? 바로 사물을 유기적으로 바라보는 눈이었다. 편견을 걷어내고 질투를 억제하면 상대가 보이기 마련이다. 박제가는 청나라에서 여러 가지 사물을 보았고 그 사물들 간의 유기적 관계를 파악해냈다. 박제가는 그 사물들 간의 유기성을 조선에 적용하고자 했던 것이다.

박제가는 나라의 산업 육성을 위해 소비의 필요성을 말했다. 검소함만을 강조하는 일은 말단만을 다스리는 일로써 나라를 쇠약하게 만들 뿐이라는 것이다. 영국의 애덤 스미스는 인간이 서로 필요한 것을 얻기 위해서는 상대방의 이기심과 이익에 호소해야 한다고 했다. 다음의 두 글을 읽고 두 주장 사이의 유사점을 생각해보자.

◆ ◆ ◆

지금 "사치가 나날이 심해진다"고 말하지 않는 사람이 없으나 근본을 모르는 말이다. 대체로 보아 다른 나라는 정말로 사치 때문에 망했으나 우리나라는 검소함으로 인해 쇠약해졌다. 무늬 있는 비단옷을 입지 않으니 나라 안에 비단 짜는 기계가 없고, 그렇게 되니 길쌈이나 베짜기 등의 일이 없어졌다. 음악을 숭상하지 않으니 오음과 육률이 화합하지 못한다. 물이 새는 배를 타고, 씻기지도 않은 말을 타며, 이지러진 그릇에 밥을 먹고, 흙먼지 나는 방에서 거처하니, 물건 만드는 일이나 목축업이나 질그릇 굽는 일이 모두 없어졌다. 농사가 황폐해져서 농사짓는 법이 후퇴했고, 장사는 이익이 적어서 장사하는 직업을 잃어버렸다. 모든 백성이 다 곤궁하여 서로 도울 수 없게 되니, 가난한 사람들에게 매일같이 사치하라고 다그쳐도 그럴 수 없게 되었다. 대궐의 뜰에 거적을 깔았고 동서 대궐문을 지키는 위병은 무명옷을 입고 새끼줄을 매고 있으니, 진실로 부끄럽다. 여기에 대한 계책은 생각하지 않으면서 도리어 일반인의 집 대문이 높으면 헐어버리고, 가죽신을 신은 평민은 잡아가며, 말몰이꾼이 좋은 방한모를 쓴 것을 좋아하지 않으니, 이것은 말단만을 다스리는 것이 아니겠는가? —박제가, 《북학의》 중에서

◆ ◆ ◆

사람은 항상 무수히 많은 사람들의 협력과 원조를 필요로 하지만 평생 몇 사람의 친구를 얻을 수 있을 뿐이다. 동물들은 다 자라면 완전히 독립하여 다른 동물의 원조를 필요로 하지 않는다. 그러나 인간은 항상 동료의 도움을 필요로 한다. 그렇지만 오직 동료의 자비에만 기대어 도움을 얻는 것은 불가능하다. 이렇게 하는 것보다 자기의 이익을 위해 동료의 이기심을 자극하고 자기의 요망 사항을 들어주는 것이 그들 자신의 이익이 된다는 것을 보여주는 것이 훨씬 낫다. 다른 사람에게 어떤 종류의 거래를 제의하는 사람은 누구든지 그렇게 하려고 한다. 내가 원하는 것을 나에게 주면 너는 네가 원하는 것을 가지게 되리라는 점이 이러한 모든 제의가 의미하는 바다. 이러한 방법으로 우리는 필요로 하는 호의의 대부분을 서로 얻어낸다. 우리가 식사할 수 있는 이유는 정육점 주인, 양조장 주인, 빵집 주인의 자비가 아니라 그들 자신의 이익에 대한 관심 때문이다. 우리는 그들의 인간성에 호소하지 않고 그들의 이기심에 호소하며, 그들에게 우리 자신의 필요를 이야기하지 않고 그들의 이익을 이야기한다. —스미스, 《국부론》 중에서

◆ ◆ ◆

4부

과학의 혁명

영화 〈인터스텔라〉는 항성 사이의 여행과 시간 여행을 다룬다. 이 영화에는 미국의 물리학자 알베르트 아인슈타인의 상대성이론이 등장한다. 시간과 공간이 상대적이라는 것이다. 우리는 흔히 시간과 공간을 절대적인 것으로 생각한다. 시간이 상대적이라면 시계가 필요 없지 않겠는가. 그러나 과학은 이러한 상식을 뒤집는다.

우리는 이른바 '과학의 시대'를 살고 있다. 수많은 과학적 발견이 이루어지고 그 발견이 기술로 연결되어 신기술이 등장하고 있다. 스마트폰만 해도 매년 새로운 것들이 등장하고 있지 않은가. 우리는 새로운 과학적 발견을 반기지만 어느 시대에나 과학적 발견이 환영받았던 것은 아니다. 새로운 과학적 발견이 그 시대의 편견과 싸워야 하는 힘겨운 시기가 있었다. 과학적 발견이 세계관의 문제와 결부되기 때문이다.

4부에서는 과학적 세계관의 전환이라는 주제로 다섯 편의 글을 해설했다. 갈릴레이의 《두 우주 구조에 대한 대화》, 뉴턴의 《프린키피아》, 다윈의 《종의 기원》, 슈뢰딩거의 《생명이란 무엇인가》, 쿤의 《과학혁명의 구조》가 그것이다.

갈릴레이는 코페르니쿠스가 제안한 지동설을 확립했다. 지금은 상식이 된 지동설이지만 갈릴레이는 지동설로 인해 두 차례의 종교재판을 받아야 했고, 지동설을 부인하는 맹세를 해야 했다. 뉴턴은 만유인력의 법칙을 발견했다. 질량이 있는 모든 물체는 서로 잡아당기는 힘이 있다는 이 법칙을 통해 우리는 우주의 운동과 행성 간의 운동을 알 수 있게 되었다. 다윈은 창조설을 부정하고 진화론을 주장했다. 다윈의 방대한 연구와 그 뒤를 잇는 업적들에도 불구하고 진화론과 창조론은 여전히 논쟁 중에 있다. 시대의 편견과 선입견이 얼마나 강고한지를 보여주는 사례다. 슈뢰딩거는 기존의 물리학에 반기를 드는 양자물리학을 제안했다. 무엇보다 슈뢰딩거의 업적은 물리학을 생물학과 연관 지어 생명의 기원을 밝힐 토대를 제공했다는 것이다. 쿤은 과학이 점진적으로 발전하는 것이 아니라 혁명을 통해 발전한다고 주장했다. 특히 쿤은 '패러다임'이라는 개념을 통해 과학이 결코 엄밀한 객관성만을 띠지 않는다는 점을 입증했다.

과학적 발견은 세계관의 투쟁을 불러일으켰다. 예전의 투쟁이 진보를 위한 투쟁이었다면 오늘날의 투쟁은 인류의 미래와 연관된 투쟁이 되고 있다. 과학의 발전이 인간을 유토피아로 이끌 것이라는 낙관적 전망을 하던 때가 있었다. 그러나 오늘날에 이르러서는 상황이 바뀌고 있다. 과학의 발전이 오히려 인간을 디스토피아로 이끌 수도 있다는 반론이 제기되고 있는 것이다. 예전의 논쟁이나 오늘날의 논쟁이나 공통점은 과학은 결코 인문학과 분리되지 않는다는 점이다. 과학과 인문학을 어떻게 결부시킬 것인가 하는 문제는 오늘날 중심적인 주제가 되었다.

16

중세와 결별한 과학관

갈릴레이 《두 우주 구조에 대한 대화》

서울대 사상고전 100선에 선정된 핵심 포인트

지구 중심의 아리스토텔레스-프톨레마이오스 우주 구조와 태양 중심의 코페르니쿠스 우주 구조의 장단점을 토론하는 대화 형식의 책. 두 우주 구조가 모두 가설적인 것이라고 전제하면서도 코페르니쿠스 구조의 장점을 누구나 인식할 수 있게 함으로써 급기야 갈릴레이 자신과 코페르니쿠스 이론에 대한 교회 당국의 탄압이 있게 했다.

– 김영식 서울대학교 명예교수

그래도 지구는 돈다

1616년 2월 26일 추기경 벨라르미누스의 경고 후 위원회는 갈릴레이(Galileo Galilei, 1564~1642)에게 다음과 같이 명령한다.

> 태양이 우주의 중심이고 돌지 않으며 지구는 운동을 한다는 견해를 완전히 포기해야 한다. 지금부터 말과 글을 포함하여 어떤 방식으로든 그 견해를 지속적으로 주장하거나 가르치거나 옹호하지 말아야 한다. 그러지 않을 경우 재판에 회부될 것이다.

– 1616년 2월 26일 로마 교황청 추기경위원회 의사록

갈릴레이가 약식 종교재판에 회부된 것은 태양 중심 이론(helio-centric theory)을 옹호했기 때문이다. 특히 1613년에 출간된 《태양 흑점에 관한 서신》이 문제였다. 그리고 갈릴레이는 1632년에 다시 《두 우주 구조에 대한 대화(Dialogo sopra i due massimi sistemi del mondo, tolemaico e copernicaon)》를 쓴다. 다시 교황청으로 소환된 갈릴레이는 무릎을 꿇고 유죄 선고를 받아야 했다. 갈릴레이는 굴욕적인 맹세를 한다. 태양이 아니라 지구가 우주의 중심이며, 앞으로 이단적인 행동을 절대 하지 않겠다고 했던 것이다. 유죄 선고가 내려졌던 1633년 6월 22일에 갈릴레이

갈릴레이

는 혼잣말로 "그래도 지구는 돈다"라고 말했다고 한다. 이 말을 믿을 수는 없다. 그러나 두 차례의 종교재판에 회부되면서까지 갈릴레이는 지구가 움직인다는 사실을 밝히려 했다.

무엇이 갈릴레이에게 그런 신념을 갖게 했을까? 갈릴레이는 자신의 두 눈으로 보고 세운 이론을 포기할 수 없었다. 사람들은 갈릴레이의 재판을 종교에 의한 과학의 탄압으로만 생각하는 경향이 있다. 그러나 단지 종교와 과학의 갈등에 지나지 않았을까? 아니다. 그것은 지나간 과학과 새로운 과학의 충돌이었고, 나아가 우주를 바라보고 세상의 현상을 이해하는 세계관의 충돌이었다.

갈릴레이는 이탈리아 피사에서 태어났다. 갈릴레이의 성과 이름이 비슷한 이유는 장남인 경우 성을 겹쳐 썼던 토스카나 지역의 관습 때문이었다. 어린 시절 수도원 학교에서 인문학을 배우고, 피렌체 교외의 바론브로사 수도원 부속학교에서 초등교육을 마쳤다. 열여덟 살 때 피사 대학교 의학부에 들어갔다. 그러나 수학에 흥미를 느껴 3년 반 만에 대학을 중퇴하고 가정교사를 하며 수학을 연구했다. 수학 분야의 논문을 발표하여 명성을 쌓은 덕분에 1592년 피사 대학교의 수학 교수가 되었고, 나중에는 파도바 대학교에서 가르쳤다.

이때 갈릴레이의 인생을 뒤바꾼 계기가 생긴다. 망원경과의 만남이었다. 당시의 망원경은 성능이 좋지 않았다. 그저 귀족들의 장난감으로 여겨질 정도였다. 그러나 갈릴레이는 망원경의 원리를 간파하여 고배율의 망원경을 발명해냈다. 고배율 망원경을 통해 천체를 관측한 갈릴레이는 새로운 생각을 가지게 되었다. 목성의 위성과 달의 반점 그리고 태양의 흑점 등 새로운 발견을 했고 이 발견들은 코페르니쿠스의 태양 중심 이론을 입증하는 증거가 되어주었다.

갈릴레이의 연구 성과는 당시의 기독교적 원리와 대립하는 것이었기에 상당한 비난을 받아야 했다. 이 때문에 로마를 방문하여 변명을 했으나 1616년에 종교재판에 회부되어 태양 중심 이론을 포기하라는 명령을 받았다. 그러나 갈릴레이는 굽히지 않고 태양 중심 이론을 주장하여 1632년에 《두 우주 구조에 대한 대화》를 발표했다. 《두 우주 구조에 대한 대화》는 그때까지 세상을 지배하던 철학과 천문학에 대한 정면 도전이었다.

아리스토텔레스를 공격하라

《두 우주 구조에 대한 대화》는 두 개의 우주론, 즉 지구 중심 이론(geo-centric theory)과 태양 중심 이론을 다룬다. 갈릴레이는 이 책에서 어떤 결론도 내지 않고 지구 중심 이론과 태양 중심 이론의 쟁점만 정리했다. 그러나 태양 중심 이론을 옹호하고 그 논거를 제시하고 있음은 명확하다. 《두 우주 구조에 대한 대화》는 세 명의 대화로 이루어진다. 살비아티는 코페르니쿠스의 지지자로 태양 중심 이론을 주장하고, 심플리치오는 프톨레마이오스의 지지자로 지구 중심 이론을 주장하며, 사그레도는 중립적인 인물이다. 세 사람은 4일간 대화를 나누고 갈릴레이는 이 대화를 통해 태양 중심 이론의 장점을 독자들이 인식할 수 있게 했다.

지구 중심 이론은 고대 그리스의 프톨레마이오스의 저작 《천문학 집대성》에서 비롯되었다. 지구 중심 이론의 핵심은 '지구는 움직이지 않는다'와 '지구가 우주의 중심이다'다. 이 지구 중심의 세계관에 대한 믿음 뒤에는 지구가 움직인다면 어떻게 사람들이 지구에 서 있을 수 있느냐 하는 단순 논리가 자리하고 있었다.

첫째 날, 대화의 주제는 아리스토텔레스의 천체론이다. 사실 지구 중심 이론의 바탕은 아리스토텔레스의 자연철학이다. 아리스토텔레스는 천상계와 지상계를 구분한다. 그러나 갈릴레이는 천상과 지상의 구분에 반대하여 천상과 지상이 모두 같은 운동법칙에 지배받는다고 했다. 지구 중심 이론과 태양 중심 이론에 대한 사그레도의 정리를 보자.

> 첫 번째 견해는 천상의 물질이 본래 생성되지도 부패하지도 변형되지도 않으므로, …… 어떤 변화도 일어나지 않는다고 주장한다. 천상의 물질은 생성하고 부패하며 변화하는 우리 지상의 물체와 아주 다른 원질인 에테르라는 것이다. 두 번째 견해는 천상과 지상이 다르지 않다고 말하며 …… 지구도 달, 목성, 금성이나 다른 행성들과 마찬가지로 운동을 하는 천체라고 주장한다.

물론 중립적인 사그레도는 태양 중심 이론이 더 타당한 근거를 가지고 있다고 말한다. 갈릴레이는 관측을 통해 천상 역시 지상처럼 변화하고 있음을 발견하고, 아리스토텔레스의 천체관을 비판했던 것이다.

둘째 날, 대화의 주제는 지구의 자전이다. 심플리치오는 하늘을 향해 던진 돌멩이가 제자리에 떨어지는 예를 들어 지구가 움직이지 않는다고 주장한다. 지구가 움직인다면 돌멩이는 수직으로 떨어질 수 없고, 돌멩이가 하늘에 떠 있는 동안 지구가 움직이기 때문에 돌멩이는 처음 던진 자리와 다른 곳에 떨어져야 하기 때문이다.

이에 대해 갈릴레이는 움직이는 배의 예를 들어 지구가 움직인다고 설명한다. 움직이는 배 안에서도 물방울은 수직으로 떨어진다. 떨어지는 자리 역시 변하지 않는다. 물고기는 어항에서 배가 움직이지 않을 때와 똑같이 움직인다. 갈릴레이는 지구의 회전 속도가 매우 미미하다고 말하며, 원심력이 작기 때문에 원심력의 작용은 그것보다 몇 배 강한 중력의 작용에 의해 지워져버린다고 논증한다.

지구는 자전하고 또 공전한다

셋째 날, 대화의 주제는 지구의 공전이다. 지구 중심 이론은 지구가 우주의 중심이고 지구를 중심으로 천체가 움직인다고 주장한다. 이는 아리스토텔레스의 우주론이기도 하다. 아리스토텔레스는 우주가 유한한 공 모양이고 그 중심에 지구가 있다고 생각했다. 따라서 지구는 우주의 중심, 세상의 중심, 항성 천구의 중심이어야 한다.

이에 대해 갈릴레이는 지구가 공전과 자전을 한다면서 반박한다.

> 지구는 운동하는 천체들 사이에 놓여 있다. 지구는 금성과 화성 사이에 있다. 금성은 아홉 달에 한 바퀴 돌고 화성은 2년에 한 바퀴 돈다. 그러니 금성과 화성 사이에 있는 지구가 정지해 있다고 보기보다는 1년에 한 바퀴 도는 운동을 한다고 보는 것이 훨씬 우아하고 정연한

일이 되리라 생각한다. …… 지구가 자전하지 않으면서 태양 둘레를 도는 운동만 한다면 1년간 한 번의 낮과 한 번의 밤만 나타날 것이다. 다시 말해 여섯 달 동안 낮이 되고, 여섯 달 동안 밤이 된다.

마지막 넷째 날 대화에서는 태양 중심 이론의 필연성을 확립한다. 갈릴레이는 태양 중심 이론의 근거로 바다에서 일어나는 밀물과 썰물을 예로 든다. 만약에 지구가 움직이지 않는다면 바다에서 밀물 썰물 현상이 일어나지 않을 것이 분명하다는 것이다. 물론 밀물 썰물 현상은 지구의 회전에 의해 일어나는 것은 아니다. 그러나 아직 만유인력이 밝혀지지 않은 상태였으므로, 갈릴레이는 바닷물이 들고 나는 현상은 지구의 회전에 의해 일어난다고 보았던 것이다.

갈릴레이는 지구 중심 이론이라는 하나의 학설과 논쟁한 것이 아니다. 뿌리 깊게 이어온 구시대의 세계관과 논쟁을 했던 것이다. 아리스토텔레스의 철학은 당시 종교와 과학의 버팀목이었다. 그래서 갈릴레이의 아리스토텔레스 비판은 동시에 아리스토텔레스를 맹목적으로 따르는 당시 학자들에 대한 공격이었다. 갈릴레이의 대변인 격인 살비아티의 말을 들어보자.

내 얘기는 아리스토텔레스의 말에 귀 기울여서는 안 된다는 뜻이 아니다. 사실 나는 아리스토텔레스의 책을 읽고 세심하게 연구하는 일

에 갈채를 보낸다. 내가 비판하는 것은 오로지 아리스토텔레스의 말이라면 맹목적으로 찬동하고 어떤 다른 근거도 찾아보려 하지 않으면서 아리스토텔레스의 말을 불가침의 신조처럼 모시는 식으로 아리스토텔레스의 노예가 되려는 사람들이다.

살비아티의 말을 통해 당시 과학자들이 관측과 실험을 하지 않았음을 알 수 있다. 실험과 해부를 통해 얻어진 결과에 대해서도 당시 학자들은 아리스토텔레스의 글귀를 들이밀며 받아들이려 하지 않았다. 당시 과학은 낡은 권위에 묶여 있었던 것이다.

《두 우주 구조에 대한 대화》는 코페르니쿠스의 《천체의 회전에 관하여(De revolutionibus orbium coelestium)》, 뉴턴의 《프린키피아》와 함께 천체물리학의 진보를 이룩한 획기적인 3대 저서로 꼽히고 있다. 더욱이 교회의 탄압에도 불구하고 이런 책을 펴낸 갈릴레이의 용기는 모든 과학자에게 귀감이 되었다.

갈릴레이는 관찰을 통해 지구가 태양 주위를 돈다는 사실을 밝혀냈다. 독일의 극작가 브레히트는 자신의 작품에서 갈릴레이와 사제 간의 대화를 통해 종교와 과학의 갈등을 보여주었다. 다음 글을 읽고 진리를 대하는 올바른 자세에 대해 생각해보자.

◆ ◆ ◆

사제 : 저는 천문학을 그만두기로 결심했습니다. 다만 저는 이 일에서 등을 돌리게 된 동기만은 말씀드리고 싶습니다. …… 저는 캄파냐에 있는 농부의 아들로 자라났습니다. …… 저는 금성의 위상을 관측하면서 난롯가에 앉아 치즈 요리를 먹는 부모님과 누이동생들을 떠올렸습니다. 수백 년 동안 새까맣게 그을린 대들보, 밭일로 쭈글쭈글해진 손, 그 손에 쥐어진 숟가락까지 뚜뚜히 그릴 수 있습니다. 그들이 비록 행복한 삶을 누리진 못하지만 불행 속에도 일정한 질서가 갖추어져 있습니다. …… 그들은 하느님의 시선이 머리 위에 머물러 있다고 확신합니다. 또한 그들은 세계가 자신들 중심으로 세워져 있어서 크든 작든 맡을 수 있는 역할이 보장되어 있다고 확신합니다. 만일 제가 그들이 서 있는 곳은 허공에서 다른 별 주위를 끊임없이 돌고 있는 한낱 작은 돌덩이라고, 수많은 별들 중의 하나, 실로 아무것도 아닌 별이라고 말한다면 저의 가족들은 뭐라고 할까요? "그러니까 우리를 굽어보는 눈길은 없구나" 하고 그들은 말하겠지요. "우리는 무식하고 늙고 착취당하고 있는데, 그것을 그대로 인정해야 한다는 말이냐. 주위를 도는

별을 갖지도 못하고 홀로 서 있지도 못하는 작은 별에서 비참하고 세속적인 일 외에는 우리가 할 수 있는 역할이 없다는 말이냐. 우리의 빈곤함에는 아무런 의미도 없구나." 이렇게 말하겠지요? 제가 교황청의 법령에서 어머니 같은 고귀한 돌봄을, 위대한 자비심을 읽어낸 이유를 아시겠습니까?

갈릴레이: 왜 그들은 아무것도 가진 게 없을까요? 왜 이 땅의 질서는 텅 빈 금고의 질서뿐이고, 죽도록 일하는 게 왜 필연성일까요? 무성하게 자란 포도밭과 밀밭이 바로 옆에 있지 않습니까! 자비심 많은 예수님의 대리인이 스페인과 독일에서 벌이는 전쟁 비용을 당신의 캄파냐 농부들이 치르고 있습니다. 왜 그 대리인이 지구를 우주의 중심에다 갖다놓을까요? 베드로의 교권이 지구의 중심에 있도록 하기 위해서입니다. 문제는 베드로의 교권입니다. 당신 말도 옳습니다. 문제는 별들이 아니라 캄파냐의 농부들입니다. …… 미덕은 빈곤함과 함께 묶여 있는 게 아닙니다. 당신의 농부들이 행복하다면 행복의 미덕을 펼칠 수 있어야 합니다. 피폐한 자들의 미덕은 황폐한 밭에서 나오는 것입니다. 나는 그런 미덕을 사양하겠습니다. 보십시오. 내가 만든 새로운 양수기가 농부들의 초인적인 고통보다 더 많은 기적을 행할 수 있습니다. 내가 당신의 농부들을 속여야겠습니까? …… 내가 당신의 선량한 부모님께 영혼의 평안을 드리는 값으로 교황청에서는 내게 포도주를 주고 있습니다. 그 포도주는 당신의 부모님이 땀 흘리며 짜낸 그 포도주입니다. 혹시 내가 침묵한다면 천박한 동기 때문일 것입니다. 나 자신의 안락한 생활, 박해를 받지 않는 생활과 같은 이유 말입니다.

– 브레히트, 〈갈릴레이의 생애〉 중에서

17

근대 과학혁명을 매듭짓다

뉴턴 《프린키피아》

서울대 사상고전 100선에 선정된 핵심 포인트

흔히 16, 17세기 과학혁명을 완성했다고 이야기하는 뉴턴의 근대 역학체계를 기술한 책. 어려운 기하학 기법을 사용하고 있지만 모든 물체 사이에 존재하는 보편 중력(만유인력)을 가정하고 세 개의 운동법칙에 바탕하여 수학적인 추론을 통해 천체의 운동을 성공적으로 기술함으로써 당시 유럽 사상계 전체에 깊은 영향을 주었다.

– 김영식 서울대학교 명예교수

만유인력의 발견자

신화와 역사에는 세상을 바꾼 사과가 등장한다. 그 첫 번째 사과는 아담과 이브를 에덴동산에서 쫓겨나게 만든 선악과다. 뱀의 유혹을 떨치지 못한 아담과 이브는 하느님의 계율을 어기고 선악과를 따먹었고 그로부터 원죄가 생겨났다. 트로이 전쟁의 원인도 한 알의 사과였다. 바다의 여신 테티스와 아킬레우스의 아버지 펠레우스의 결혼식에 초대받지 못한 불화의 여신 에리스는 헤라와 아프로디테 그리고 아테나 앞에 사과 한 알을 던지며 가장 아름다운 여신에게 준다고 말한다. 이로써 트로이 전쟁이 시작되었다.

그리고 뉴턴(Isaac Newton, 1642~1727)의 머리 위로 사과가 떨어진다. 1666년 어느 날의 일이었다. 사과는 지구의 중력으로 인해 아래로 떨어진다. 중력 개념은 고대부터 상식에 해당하는 지식이었다. 갈릴레이는 지구의 중력에 관한 모든 것을 이미 알아냈다. 뉴턴의 머릿속에 순간 번뜩이는 생각이 떠올랐다. “지구와 사과 사이에 작용하는 중력이 지구와 달 사이에도 작용하는 것일까? 그리고 만약 작용한다면 그 힘은 얼마나 될까?” 문제가 주어지면 해답은 나오기 마련이다. 다만 그 해답을 증명할 길이 아직은 없었다. 21년 후에야 뉴턴은 자신의 해답을 수학적으로 완벽하게 논증했다. 중력은 거리의 제곱에 반비례하여 작용한다. 이 중

영국의 화가 윌리엄 블레이크가 그린 뉴턴

력의 힘은 사과와 달에 동일하게 작용한다. 이렇게 하여 '만유인력의 법칙'이 세상에 공포되었다.

뉴턴은 진리를 찾기 위해 항상 깊은 사색을 했다. 뉴턴은 생각에 잠겨 종종 가야 할 교회가 아니라 엉뚱한 교회에 갔고 예배 가운을 입은 채로 식당에 가기도 했다. 식당에 가서도 생각에 잠겨 있느라 밥을 먹었는지, 안 먹었는지도 잊었다. 그리고 뉴턴은 자신이 찾아낸 것들에 대해 어린 아이처럼 기뻐했다. 뉴턴의 사과 이후에 우리는 애플의 사과를 만난다.

여기에서 우리는 멈추지 않고 새로움을 향해 가는 정신을 보게 된다.

뉴턴은 영국 링컨셔의 울즈소프에서 태어났다. 아버지는 그가 태어나기도 전에 죽었고 어머니는 세 살 때 재혼했다. 어머니는 뉴턴이 농부가 되기를 바랐다. 뉴턴이 학업을 할 수 있었던 것은 외삼촌의 도움 덕분이었다. 스무 살 때 케임브리지 대학교의 트리니티 칼리지에 입학하여 수학을 공부하고 스물여덟 살 때 수학과 교수가 되었다. 뉴턴의 연구는 특정 분야에 한정되지 않았다. 수학에서 이항정리와 무한급수 그리고 미적분법을 연구했고, 중력 문제에 관심을 기울여 만유인력의 법칙을 확립했다. 또한 뉴턴은 명예혁명 기간에 의회에 참여했고, 조폐 업무를 총괄하는 조폐 소장을 맡기도 했다. 예순두 살 때부터 왕립학회 종신 회장이 되었다.

수학과 과학에서 뉴턴의 업적은 1687년에 출판된 《프린키피아(Principia)》를 통해 집대성되었다. 《프린키피아》의 원제목은 '자연철학의 수학적 원리(Philosophiae naturalis principia mathematica)'다. 《프린키피아》는 세 권으로 구성되었다. 1권과 2권은 일반적인 명제를 담고 있고 3권은 우주체계에 대한 설명을 담고 있다.

만유인력,
아리스토텔레스를 부수다

뉴턴은 《프린키피아》 서문에서 자신의 연구 방법에 대해 다음과 같이 말한다.

> 나는 기술이 아니라 철학을, 인공적인 힘이 아니라 자연의 힘을 설명하고자 한다. 즉 낙하시키는 힘과 부상하게 만드는 힘, 탄성력, 유체의 저항, 그 밖에 다른 형태의 끌어당기거나 밀치는 힘들이 주요 연구 대상이다. 따라서 나는 이 책이 철학의 수학적 원리에 관한 것이라고 생각한다. 왜냐하면 철학의 모든 문제가 바로 이러한 힘들에 관한 것이기 때문이다. 다시 말하면 운동현상으로부터 자연의 여러 가지 힘들을 연구하고, 이렇게 해서 알게 된 힘들로부터 다른 자연현상들을 설명하는 것이다.

뉴턴의 방법은 현상으로부터 수학적 법칙을 유도해내고 그 수학적 법칙을 다시 자연현상에 적용하는 것이다. 이러한 방법은 관찰과 실험 그리고 추론을 통일시키는 것으로 후대의 자연과학자들로부터 특히 칭송을 받는 부분이다.

우리가 흔히 말하는 만유인력은 뉴턴의 중력 이론이다. 만유인력은 질량을 가진 모든 물체가 서로 잡아당기는 힘이다. 만유인력은 과학적 측면에서 보면 혁명적인 발견이었고, 사상사적 측면에서 보면 아리스토텔레스에서 벗어나는 사건이었다. 당시 아리스토텔레스의 권위는 절대적이었다. 때문에 새로운 과학은 아리스토텔레스와의 싸움이었다. 갈릴레이 역시 그 작업을 수행했다. 뉴턴의 만유인력이 아리스토텔레스의 권위를 무너뜨린 이유는 만유인력이 지상과 천상에서 동일하게 작용하는 힘이기 때문이다.

뉴턴은 만유인력을 벗어날 만큼 세게 사과를 던지면 사과가 지구를 벗어나 달처럼 지구 주변을 돌 것이라고 생각했다. 그러나 아리스토텔레스에 의하면 지상의 법칙은 천상에 적용되지 않는다. 뉴턴은 그런 아리스토텔레스의 구분을 무너뜨렸다. 결국 과학의 발견이 사상으로 확대된 것이다. 아리스토텔레스 역학관은 뉴턴의 다른 법칙에 의해서도 깨지게 된다.

만유인력, 우주와 행성에 적용되다

뉴턴은 《프린키피아》에서 세 가지 운동법칙을 제시한다. 이것이 바로 뉴턴의 세 가지 법칙이다. 뉴턴의 제1법칙은 우리가 잘 알고 있는 관성의 법칙이다. 뉴턴은 관성의 법칙을 이렇게 설명한다. "외부에서 힘이 작용하지 않으면 운동하는 물체는 계속 그 상태로 운동하려고 하고 정지한 물체는 계속 정지해 있으려고 한다."

지금 우리는 관성의 법칙을 상식으로 생각한다. 그러나 뉴턴 이전의 운동법칙은 아리스토텔레스의 역학관에 지배받고 있었다. 아리스토텔레스에 의하면 물체가 계속 운동을 하려면 끊임없이 외부에서 힘이 제공되어야 했다. 그러나 뉴턴에 의하면 운동하는 물체는 계속 그 상태를 유지하려고 하고 그 물체가 정지하는 것은 외부에서 힘이 가해질 때다.

관성의 법칙은 생활의 영역에도 적용된다. 우리가 흔히 말하는 습관은 이전의 상태를 반복하는 것이다. 밤이면 꼭 드라마를 챙겨 보는 것도 일종의 습관이다. 그런데 그 드라마를 보지 않으려면 이전과 다른 상황이 벌어져야 한다. 즉 관성처럼 드라마를 보는 습관이 다른 상황의 개입에 의해서 멈추게 되는 것이다.

뉴턴의 제2법칙은 가속도의 법칙이다. 뉴턴은 가속도의 법칙을 이렇게 정의한다. "운동의 변화는 가해진 힘에 비례하며 힘이 가해진 직선 방향으로 일어난다."

물체의 운동이 변화되는 원인은 힘이다. 때문에 속도의 변화, 즉 가속도는 힘에 비례한다. 여기에서 또 다른 변수는 질량이다. 질량이 크면 같은 힘을 주어도 변화가 적고 질량이 작으면 같은 힘에도 변화는 커진다.

가속도의 법칙 역시 우리 주변에서 확인할 수 있다. 크고 무거운 것은 조그만 힘에 움직이지 않지만 작고 가벼운 것은 조금만 힘을 가해도 움직인다. 조직으로 비유하면 크고 복잡한 대기업이나 정부가 크고 무거운 것이고 벤처기업 같은 소규모의 조직이 작고 가벼운 것이다. 대기업이나 정부는 한 번에 바꾸기도 쉽지 않고 웬만한 자극에도 끄떡없지만 소기업은 외부의 힘에 요동치고 쉽게 바뀐다.

뉴턴의 제3법칙은 작용과 반작용의 법칙이다. 모든 작용에는 그와 반대의 작용이 존재한다는 것이다. 뉴턴은 작용과 반작용의 법칙을 이렇게 설명한다. "모든 작용에는 크기가 같고 방향이 반대인 반작용이 항상 존재한다. 즉 두 물체가 서로에게 미치는 힘은 항상 크기가 같고 방향이 반대다."

작용과 반작용의 법칙은 총이나 로켓을 떠올리면 쉽다. 군대에서 사격을 해본 사람은 알 것이다. 총을 쏘면 총알이 나가는 것과 함께 개머리판에 진동이 전해진다. 때로는 이 진동 때문에 조준관에 대고 있던 얼굴을 다치기도 한다. 이를 우리는 반동이라고 한다. 반동이란 바로 반작용을 말하는 것이다. 로켓도 마찬가지다. 로켓이 하늘로 날아오르기 위해서는 엄청난 양의 연료를 태워 바닥을 향해 밀어내야 한다. 그 힘으로 로켓은 하늘로 날아간다. 이것이 바로 작용과 반작용의 법칙이다.

작용과 반작용의 법칙도 우리 생활에 적용된다. 우리가 흔히 말하는 '인과응보' 역시 작용과 반작용의 결과다. 자신의 행위는 어떤 식으로든 결과를 만들어낸다. 도움을 주면 도움을 받고 욕을 하면 욕을 먹게 된다. 이것 역시 작용 반작용의 원리다.

뉴턴의 법칙은 물체의 운동을 설명한다. 그러나 물체의 운동과 역학 관계는 사회의 모습과 크게 다르지 않다. 그것은 뉴턴이 보편법칙을 찾아 나섰기 때문인지도 모른다. 뉴턴이 추구했던 것은 세상의 법칙이자 진리였다.

뉴턴은 만유인력의 법칙을 제시했다. 만유인력의 법칙을 행성의 운동과 그 영향에 적용한 예로 다음과 같은 뉴턴의 언급을 들 수 있다.

모든 행성은 서로 인력을 미친다. 예컨대 목성과 토성은 그 합의 위치 부근에서 서로 끌어당겨 그 운동을 상호 간에 현저하게 교환한다. 이와 마찬가지로 태양은 달의 운동을 교환하고 또한 태양과 달은 지구의 바닷물에 작용한다.

우리가 흔히 보는 밀물과 썰물 현상은 이러한 운동에 의해 일어나는 것이다. 그런데 뉴턴은 이 만유인력의 법칙에 관하여 많은 부분을 구체적으로 검증하지 않았다. 그래서 뉴턴 이후의 물리학과 천문학은 이 법칙을 검증하기 위한 시도들로 점철되었다고도 할 수 있다. 뉴턴의 이론은 아인슈타인이 등장하기 이전까지 물리학에서 절대적인 것이었다. 그것은 16, 17세기에 진행되었던 이른바 과학혁명을 매듭짓는 것이었고, 고전 역학의 진정한 출발이었다.

뉴턴은 만유인력의 법칙을 발견했다. 이 발견에 대해 황광우는 뉴턴의 피나는 노력의 결과라고 했다. 반면 영국의 역사가 리자 자딘(Lisa Jardine)은 당대의 불안감이 뉴턴의 만유인력 발견에 영향을 주었다고 했다. 두 사람의 글을 읽으며 위대한 발견이 이루어지려면 어떠한 요인들이 필요한지 생각해보자.

◆ ◆ ◆

뉴턴의 사상적 스승은 세 사람이다. 갈릴레이와 케플러와 데카르트가 바로 뉴턴의 사상 형성에 결정적 영향을 미친 과학자들이다. 뉴턴은 대학에서 갈릴레이의 역학, 케플러의 광학과 천문학, 보일의 색깔론, 데카르트의 기계적 철학, 광학과 기하학 저술을 파고들었다. 특히 자연현상을 물질과 운동으로 설명하면서 아리스토텔레스를 비판한 데카르트의 기계적 철학에 매료되었다. 갈릴레이의 역학 이론과 케플러의 세 가지 행성운동법칙, 데카르트의 해석기하학이 없었다면 뉴턴의 《프린키피아》는 피어날 수 없는 연꽃이었다. …… 뉴턴의 천재적 발견은 오직 피나는 노력, 무서운 집념, 성실한 연구의 정직한 결과일 뿐이다. 우연은 없다. 뉴턴은 케임브리지 대학교에 재학할 당시 자신이 읽은 책의 내용을 노트에 적어놓기로 유명했다. 만유인력이라는 개념과 관련해서 중요한 대목은 데카르트를 공부하면서 적어놓은 부분이다. 그것을 통해 뉴턴이 데카르트를 아주 철저하게 흡수하고 그것을 기초로 자신의 생각을 발전시켜나간 모습을 발견할 수 있다. – 황광우, 《철학 콘서트2》 중에서

◆ ◆ ◆

위대한 발견은 생각들이 서로 부딪히고 경계가 허물어지면서 이루어진다. 플램스테이드와 핼리의 실용적인 천문학 해석은 뉴턴으로 하여금 혜성의 움직임을 이론적으로 설명해내게 했고, 그 후 하늘에 있는 모든 물체들 상호 간에 작용하는 만유인력 법칙을 주장하게 했다. 혹성과 혜성들의 궤도가 공히 타원형인 이유는 이 법칙 때문이라는 것을 밝힌 것이다. 그러나 뉴턴의 이 '중력론'은 주어진 데이터에 대한 순수과학적인 논증은 아니었다. 사뭇 신비롭게 들리는 이 '보이지 않는 인력' 개념은 유럽 전역이 유달리 불안정했던 때인 17세기 후반에 당혹스러울 정도로 자주 나타났던 혜성에 대해 우주적 신비 등을 내세워 설명하려던 미신장이들의 영향도 적지 않게 받았다. 《프린키피아》의 초판에서 뉴턴은 우주의 조화와 균형이 곧 깨어질 수도 있다고 암시한 바 있다. 그 예로 최근 하늘에 나타난 일련의 놀라운 현상들, 즉 혜성의 잦은 출현을 들었다. 그리고 핼리는 1697년에 영국 왕립학회에 발표한 논문에서 "지구에 혜성과 같은 크기의 물체가 충돌할 때"의 효과를 "다시 태초의 카오스 상태로 지구가 환원될 수도 있는" 규모라고 설명했다. 특히 1680~1681년 혜성은 두 사람 모두에게 중요한 사건이었다. 뉴턴도 여든 살이 넘었을 때 조카 존 컨듀잇에게 1680년에 태양을 스치듯 비껴간 혜성에 의해 지구가 거의 멸망할 뻔했다고 말했다. …… 컨듀잇은 뉴턴과의 대화를 이렇게 기록했다. "언제 이 혜성이 태양으로 떨어질지 알 수 없다. 어쩌면 그 혜성이 대여섯 바퀴는 더 돌고 난 후일 수도 있지. 그게 언제이건 혜성이 떨어진다면 태양의 열은 치솟아 지구는 다 타버리고 생명체란 하나도 살아남지 못할 것이야."

– 자딘, 《기발한 탐구, 과학혁명의 구축 과정》 중에서

18

생물은 어떻게 진화했는가

다윈 《종의 기원》

서울대 사상고전 100선에 선정된 핵심 포인트

'자연선택'에 의한 진화를 주장하는 다윈 이론이 담긴 책. 젊은 시절 비글호 항해 이래 오랜 기간의 지질학, 생물학 연구를 통해 얻어진 수많은 증거들을 자신의 이론을 뒷받침하는 데 다윈이 어떻게 사용하는가를 보는 것이 흥미 있으며, 생물학에서의 뉴턴을 표방했던 그의 과학 방법론도 엿볼 수 있다. – 김영식 서울대학교 명예교수

종의 기원을 찾아가는 고난의 탐험

"세상이 정말 6일 만에 창조되었습니까? 태양이 만들어지기 전에 어떻게 밤과 낮을 알 수 있었지요? 그때도 하루는 24시간이었나요? 지구가 태양을 도는데, 여호수아는 어떻게 태양에게 멈추라고 명령할 수 있었지요?" 변호사 대로우는 증인석에 앉은 검사 브라이언을 몰아붙였다. 재판이 진행되는 중에도 사람들은 피켓을 들고 "원숭이와 우리를 같이 보지 마! 무신론자들은 너희 조상 원숭이에게 돌아가라!"며 시위를 하고 있었다.

스탠리 크레이머가 1960년에 발표한 영화 〈침묵의 소리〉의 한 장면이다. 이 장면은 1925년 미국 테네시 주에서 있었던 일명 '원숭이 재판'의 실제 상황이기도 하다. 1925년에 테네시 주에서는 공립학교에서 진화론 교육을 금지하는 버틀러법이 통과되었다. 당시 고등학교 교사였던 존 스콥스는 이 법을 어겼다는 이유로 재판을 받게 되었다. 그때 변호사는 검사를 증인으로 불러 창조론의 모순을 조목조목 따졌다. 그러나 논리적인 승리에도 불구하고 존 스콥스는 100달러의 벌금형을 받았다.

창조론을 무너뜨린 사람, 그가 바로 다윈(Charles Darwin, 1809~1882)이다. 다윈의 진화론은 인간의 오만에 경종을 가했고 생물학의 새로운 패

찰스 다윈

러다임을 제시했다. 그러나 진화론과 창조론의 대결은 아직 끝나지 않았다. 1968년에 미국 대법원은 진화론 교육을 금지하는 법률이 위헌이라고 판결을 내렸다. 그러나 창조론은 윌리엄 페일리(William Paley)의 '지적 설계론'으로 다시 모습을 드러냈다. 페일리는 바닥에 떨어진 돌멩이가 어디에서 왔는지 설명할 수는 없지만 인간과 같은 생물은 너무나 정교한 구조를 가지고 있기 때문에 진화에 의해 우연히 생겨날 수 없다고 말한다. 돌멩이가 아니라 시계가 바닥에 떨어져 있다면 시계는 어떤 지적 존재에 의해 만들어져야 한다는 것이다. 이에 대해 《눈먼 시계공(The Blind Watchmaker)》의 저자 리처드 도킨스(Richard Dawkins)는 "누군가가 자연의 시계공 노릇을 한다면 그는 눈먼 시계공일 것이다"라고 비판한다. 이 모든 논쟁의 시작에 다윈과 그의 저서《종의 기원(On the Origin of Species by Means of Natural Selection)》이 있다. 다윈은 잉글랜드의 서부 지방인 슈루스베리에서 태어났다. 열일곱 살 때 아버지의 권유로 에든버러 의과대학에 들어갔지만 의사가 될 마음은 없었다. 의학 공부 대신 동식물의 채집과 관찰을 하며 박물학을 공부했다. 스물세 살이 되던 1831년에 다윈은 해군 조사선 비글호에 탑승하여 여행을 떠나게 되었다. 비글호는 전 세계를 돌며 탐사했고 탐사 기간은 예정보다 길어져 무려 5년이나 걸렸다. 다윈은 이 탐사에서 안데스 산꼭대기에 있는 조개의 화석, 파타고니아 평원에서 발굴한 절멸 동물의 화석, 아메리카 산의 절멸한 말의 유물, 갈라파고스 섬의 도마뱀과 바다거북 등 많은 새로운 것들을 목격했다. 귀국 후 다윈은 자신의 탐사 기록을 정리하면서 서서히 진화의 사상을 싹틔우기 시작했다. 그러나 자신의 사상을 정리하고 발표하는 데는 무려 20여 년의 세월이 걸렸다. 그리하여 1859년에 역사적인《종의 기원》이 출판되었다.

적응하지 못하면 사라진다

《종의 기원》의 원제는 '자연선택 혹은 생존 경쟁에 유리한 종의 보전에 의한 종의 기원'이다. 이 제목은 다윈이 종의 기원을 자연선택 혹은 생존 경쟁에서 찾고자 했음을 알려준다. 다윈은 자신의 문제의식을 다음과 같이 정리했다.

종의 기원을 논함에 있어 박물학자들이 생물 상호 간의 유사성, 그 발생학적 관계, 그들의 지리적 분포, 지질학적 변천, 그 밖의 사실을 검토하여 종이 개개의 독립성을 갖고 창조된 것이 아니라 변종과 같이 다른 종에서 유래된 것이라는 결론에 도달할 수 있음은 충분히 예상할 수 있는 일이다. 그러나 이 결론은 그 논거가 충분하다고 해도 지구상에 살고 있는 무수한 종이 어떻게 변화되어 우리를 놀라게 할 만큼 완전한 구조와 상호 적응을 얻을 수 있었는가 하는 점이 증명될 때까지 만족할 수 없는 것이다.

다윈은 신이 생물을 창조했다는 창조설을 부정하고 지금의 다양한 생물이 다른 종으로부터 유래한 것임을 강조한다. 다윈의 문제의식은 여기에 머물지 않는다. 그의 진정한 문제의식은 수많은 종들이 어떻게 변화해왔는가를 밝히는 것이었다. 다윈은 당시 진화론자들 사이에 유행하던 생각, 즉 종의 변이가 외적 조건에 의해 일어난다는 생각이 불충분하다고 생각했다. 그래서 다윈은 변화와 상호 적응의 방법에 대한 명확한 관찰이 중요하다고 생각했다. 다윈은 사육하고 있는 생물에서 나타난 '인위 선택'에 의한 변이에 주목했다. 그리고 여기에서 밝혀진 사실을 자연 상태에 적용하려고 했다.

가축이나 조류를 사육하는 사람을 생각해보자. 그는 동물의 특수한 변이, 즉 사소한 변이라도 선택하여 짧은 시간 내에 매우 다른 종류를 만들어낸다. 이런 인위 선택을 통해 사람들은 수십 종의 개, 150여 종에 달하는 집비둘기 등을 만들어냈다. 이런 현상이 자연계에서 일어난다면 인위 선택에 의한 것과 같은 결과를 가져올 것이다. 여기에 착안하여 자연선택에 의해 최적자가 생존하고 부적자가 소멸할 것을 입증한 것이 다윈의 자연선택설이다.

자연선택설을 이해하기 위해서는 생존 경쟁을 먼저 검토해야 한다. 다윈은 "생존할 수 있는 수보다 더 많은 개체가 생겨나기 때문에 어떤 개체와 다른 개체 사이에 생존 경쟁이 일어날 수밖에 없다"라고 설명한다. 예를 들어 한 마리의 송어는 한 번에 6~10만 개의 알을 낳는다. 만일 이 알들이 모두 부화되어 성장한다면 금세 지구상의 모든 담수는 송어로 가득 차게 된다. 그러나 실제로는 그런 현상이 일어나지 않는다. 어떤 것은 알에서 부화되기 전에 다른 물고기의 먹이가 된다. 또 어떤 것은 부화는 하지만 새끼 시절에 다른 물고기의 먹이가 된다. 또 어떤 것은 먹이를 찾지 못해 죽기도 한다. 이런 과정은 자연계 내에서 치열한 생존 경쟁이 일어나고 있음을 보여준다.

그러면 이런 생존 경쟁 과정에서 어떤 것이 살아남게 되는가? 다윈은 설명한다.

복잡 미묘한 생명의 싸움을 하고 있는 모든 생물에게 몇 세대를 거듭하는 동안 어떤 방법으로든 유익한 다른 변이가 생기게 된다는 사실을 상상해볼 수는 없는 것인가? 만약 그런 일이 일어난다면 조금이라도 다른 개체보다 발전된 어떤 이익을 가진 개체가 생존과 번식을 위해 절호의 기회를 얻는다는 것을 의심할 수 있을까? 생존할 수 있는 수보다 더 많은 개체가 나온다는 것을 상기할 때 말이다. 이와는 반대로 조금쯤 유해한 변이는 엄격하게 파괴된다는 것을 확신할 수 있다. 이런 유익한 개체의 차이와 변이의 보존, 이와 함께 자기에게 유해한 형질을 가진 생물은 파멸되고 만다는 사실을 나는 선택 또는 최적자 생존이라고 부르고자 한다.

자연선택으로 인해 풀밭에 사는 늑대의 다리는 길고, 뛰어다닐 기회가 적은 밀림 지대 늑대의 다리는 짧다. 독수리의 시력은 필연적으로 좋아질 수밖에 없다. 시력이 나쁘면 먹이를 빨리 찾을 수 없기 때문이다.

과학은 신학의 지배를 거부한다

그러면 자연선택은 생물의 모든 기관의 능률을 높이는 방향으로만 작용하는 것일까? 다윈은 마데이라 섬에 사는 날개가 짧은 딱정벌레의 예를 든다. 마데이라 섬 부근은 세계에서 바람이 가장 거센 곳이다. 날개가 길고 튼튼한 딱정벌레는 공중을 날 때 갑자기 돌풍이 불면 바다로 떨어져 죽는다. 반면에 공중을 날지 못하는 딱정벌레는 섬에 남게 된다. 날개가 짧고 날지 못하는 딱정벌레는 살아남은 반면 날개가 크고 튼튼한 딱정벌레는 자연선택 과정에서 소멸되고 만다. 이 경우 날개라는 기관은 진보한 것이 아니라 퇴화한 것이다.

그러므로 자연선택은 반드시 가장 좋다고 인정하는 것만 보존시키지 않는다. 그 환경에 가장 잘 적응한 것만 보존시킨다. 따라서 다윈이 말하는 자연선택은 이상적인 것이 아니라 환경에 가장 잘 적응한 것만이 생존한다는 것이다. 그래서 다윈은 이를 최적자 생존이라고 불렀다.

19세기 저서 중에 가장 위대한 것을 꼽으라면 많은 사람들이 주저하지 않고 《종의 기원》을 꼽는다. 《종의 기원》은 생물학계뿐만 아니라 인문 사회과학계에도 엄청난 파급과 영향을 주었다.

다윈의 학설이 인문 사회과학에 미친 영향에는 부정적인 측면이 있다. 다윈의 학설을 사회 영역에 적용하려는 시도를 '사회적 다위니즘'이라고 부른다. 사회적 다위니즘은 지배자를 생존 경쟁의 승리자, 피지배자를 패배자로 인식하게 한다. 이 이론에 따르면 모든 지배와 독재가 정당화된다. 제국주의에 의한 식민지의 지배는 물론 나치 정권의 지배 등도 당연한 것이 된다. 그리고 이에 반대하는 운동은 낙오자들의 이유 없는 반항에 불과한 것이 된다.

물론 이런 부정적 영향은 다윈 자신이 의도했던 것이 아니다. 다윈은 자신의 학설에 대해 항상 조심하며 하나의 가설로서 제시하고자 했을 뿐이다. 다윈의 학설이 불완전하다 해도 종의 불변론, 즉 신에 의한 창조론에 결정적인 타격을 주었다는 점에서 위대함을 찾아볼 수 있다. 다윈은 과학을 신학으로부터 완전히 분리했다. 그리고 인간도 동물의 일종임을 증명함으로써 인류의 기원을 밝히는 데 결정적인 기여를 했다. 동물원의 원숭이를 보며, 그들과 인간은 처음부터 달랐다고 생각하고 싶은 것이 인지상정이겠지만 말이다.

다윈은 치열한 생존 경쟁에서 유용한 변이가 일어난 개체가 생존하게 된다는 자연선택론을 주장했다. 일제강점기의 학자 최남선은 진화론을 사회에 적용하여 민족적 자각이 앞선 나라가 세계의 강자가 되었다고 했다. 두 사람의 글을 읽고 진화론을 사회에 적용할 때 나타날 수 있는 문제점을 생각해보자.

◆ ◆ ◆

다음의 두 가지 사실은 논란의 여지가 없다. 즉 변화하는 다양한 생존 조건에서 각 유기체들은 개체적 차이를 보인다. 그리고 유기체들의 수가 기하급수적으로 증가함에 따라 일정한 계절 또는 연도에 극심한 생존 경쟁이 일어난다. 이 두 가지가 사실이라면 인간에게 여러 가지 유용한 변이가 일어나는 것과 마찬가지로 각각의 생물에게도 그 자신의 번영에 유용한 변이가 일어나리라고 가정하는 것은 매우 당연하다. 그런데 어떤 유기체에게 유용한 변이가 실제로 일어난다면 그 특징을 가진 개체는 생존 경쟁에서 살아남을 수 있는 유리한 조건을 가질 것이 틀림없다. 그리고 유전의 원리에 따라 그 개체들은 비슷한 특징을 지닌 자손을 낳는 경향을 보일 것이다. 이러한 보존의 원리 또는 최적자의 생존을 일컬어 나는 '자연선택'이라고 부른다. 자연선택은 각각의 생물을 그 유기적, 비유기적 생존 조건과의 관계에서 개량함으로써 그것들을 진보로 이끈다. 그럼에도 불구하고 단순하고 하등한 형태가 그들의 생존 조건에 잘 적응되어 있다면 이 형태들은 오랫동안 지속될 것이다. – 다윈, 《종의 기원》 중에서 인류 문화의 서광은 사람이라는 자각에서 비롯되었고, 인간의 노력에 의해 발달과 성장을 했다. 흩어져 있던 개별 인간이 점차로 집단을 이루어 집단이라는 자각을 가지게 되었다. 집단 공동의 감정과 욕구를 가지고 공동의 목적을 위하여 함께 정성과 힘을 기울이는 동안에 씨족 관계가 생기고, 민족관계가 생기고, 사회가 되고, 국가가 되었다. 씨족이든 민족이든 국가든 사회든 그것을 조성한 각 분자가 그 집단의 일원이라는 자각이 명확한가에 따라 영고성쇠를 겪게 되었다. 즉 집단적 통일이 공고한 정도에 따라 존폐흥망이 나뉘었다. 이렇게 집단 생활의 여러 단계를 거치는 동안에 감정의 순화(醇化)와 지능의 속달(速達)을 이룬 자가 문화의 강자로 세계에 군림하게 되었다. 그 까닭은 우주의 생명력이 드러나는 순서에 부합하기 때문이다. 일체의 문화적 현상은 사람의 성품이 펼쳐진 것이다. 당연히 필 꽃이 인연과 시기가 맞아 피게 되는 것이다. 그 인연을 가깝게 하고 그 시기를 빠르게 하는 것이 민족의 능력이다. 민족의 능력은 지리적 조건이나 경제적 상황과 같은 환경에 구속을 받지만 동시에 사람의 성품의 일부인 창의력과 결속력의 발휘 정도에 따라 환경에 어느 정도 영향을 주기도 한다. 이 능력의 발휘는 하나의 민족, 하나의 국가의 역사에 영광과 명예를 얻는 것이다. 가장 험악한 국면을 헤치고 가장 어려운 업적을 이루는 곳에 가장 큰 영예가 있다. 그 대신 환경에 줄곧 끌려다니기만 하는 자에게는 수치와 굴욕과 고민과 신음이 있을 뿐이다. – 최남선, 《조선역사통속강화》 중에서

19

양자물리학을 등진 물리학자의 생명 탐구

슈뢰딩거 《생명이란 무엇인가》

서울대 사상고전 100선에 선정된 핵심 포인트

1940년대에 출판된 이 책은 생명체의 유전 물질이 어떻게 불변인 채로 유지되며, 또 그 자체를 재생산해내는가 하는 물음과 생명은 스스로의 구조를 파괴하려는 경향에 대해 어떻게 저항해나가는가 하는 기본적인 물음을 물리학자의 관점에서 흥미롭게 다루고 있다. 특히 젊은 물리학자들로 하여금 생명의 중심 문제에 관심을 돌리게 함으로써 생물학의 발전에 기여했으며 현재에도 생명의 본질에 관한 많은 직관의 원천이 되고 있다.

– 장회익 서울대학교 명예교수

생명의 비밀을 파헤친 물리학자

자연법칙은 확률에 의해 지배되지 않는다. 이것이 슈뢰딩거(Erwin Schrödinger, 1887~1961)의 입장이다. 양자물리학자들이 확률을 중요시하자 슈뢰딩거는 1935년에 독일의 잡지 〈자연과학〉에 이런 실험을 제안한다.

> 우습지만 이런 경우를 생각해볼 수 있다. 고양이 한 마리를 철제 상자에 가둔다. 상자 안에는 방사선을 검출할 수 있는 가이거 계수관과 미량의 방사성원소가 들어 있다. 방사성원소의 양은 아주 적어서 한 시간 동안에 한 개의 원자가 붕괴할 확률과 한 개도 붕괴하지 않을 확률이 각각 50퍼센트다.

이때 방사성원소가 붕괴하면 스위치가 떨어져 독약이 나온다. 그러나 방사성원소가 붕괴되지 않으면 독약은 나오지 않는다. 확률은 50퍼센트다. 그렇다면 고양이는 죽었을까, 살았을까? 양자물리학에서는 고양이가 죽었을 때 나오는 파동함수와 살았을 때 나오는 파동함수가 중첩된다. 그럼 고양이는 살아 있기도 하고 죽어 있기도 한 상태가 된다. 그러나 슈뢰딩거는 살아 있는 동시에 죽어 있는 고양이는 없다고 반박한다. 살았는지 죽었는지 아는 방법은 상자를 열어 고양이의 상태를 확인하는 것뿐이다. 이것이 그 유명한 슈뢰딩거의 고양이다.

물리학자들은 여기에 대해 다양한 해석을 한다. 고전물리학자들은 확인과 상관없이 고양이가 죽었거나 살았다고 할 것이다. 그러나 슈뢰딩거는 관측을 강조한다. 열어보지 않은 상태에서는 알 수 없는 것이고 관측에서 중요한 것은 열어보는 것이다. 통계학자들은 실험을 반복해 고양이가 죽을 확률을 계산할 것이다.

이런 논란에 대해 해답을 내릴 수는 없다. 그러나 이 논란이 양자물리학의 새로운 지평을 열었음은 분명하다. 슈뢰딩거는 기존과 다른 이론을 제시했고 그것을 통해 새로운 물리학의 길을 열었다. 그리고 슈뢰딩거는 물리의 법칙을 유기체에 적용했다. 그럼으로써 그는 생명의 비밀을 파헤치려고 했다.

슈뢰딩거는 오스트리아 빈에서 태어났다. 스무 살에 빈 대학교에 입학하여 물리학을 공부했고 제1차 세계대전 때는 군에서 복무했다. 마흔 살 때 양자역학에 관한 논문을 썼는데, 이 논문에서 슈뢰딩거는 행성 천문학에서 뉴턴의 운동방정식과 같이 양자역학에서 기본적인 방정식인 원자의 역학에 대한 편미분방정식을 기술했다. 슈뢰딩거 방정식의 해법은 뉴턴 방정식의 해법과 달리 물리적 사건들의 확률적 발생에만 관련된 파동함수들이다. 뉴턴에 의해 제시된 절대적이고 쉽게 가시화되는 행성궤도의 사건들의 결과가 양자역학에서는 훨씬 더 추상적인 관

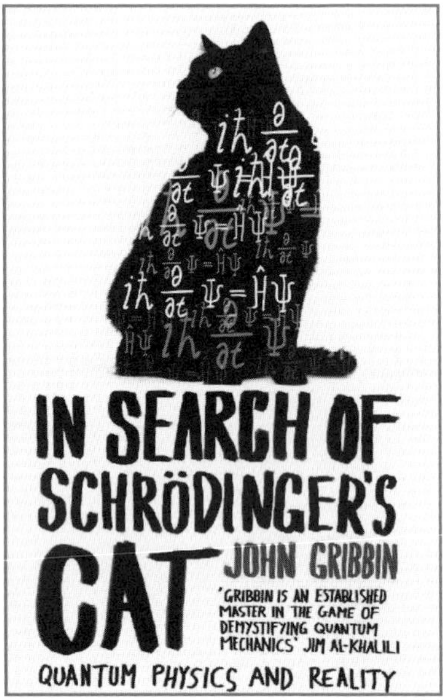

슈뢰딩거와 존 그리빈의 《슈뢰딩거의 고양이를 찾아서》

념인 확률로 대체되었다. 마흔일곱 살 때인 1933년에 슈뢰딩거는 물질의 파동 이론과 양자역학의 기초를 세운 공로로 노벨 물리학상을 수상했다.

《생명이란 무엇인가(What is Life)》는 원자와 생명체의 관계를 논의한 책이다. 슈뢰딩거는 1943년 아일랜드 더블린의 트리니티 칼리지에서 행한 강연을 토대로 이 책을 저술했다. 과학의 발달에 따라 슈뢰딩거의 오류가 지적되기도 하지만 그의 연구는 생물학의 새로운 장을 열었다는 점에서 커다란 의의가 있다.

슈뢰딩거의 방정식에서는 해답이 하나가 아니다

슈뢰딩거의 이론을 이해하려면 고전물리학과 양자물리학의 차이를 알아야 한다. 물리학은 미래의 이야기에 많은 것을 할애한다. 외부에서 힘이 가해지지 않는 한, 원래의 상태를 그대로 유지하려는 성질이 뉴턴의 제1운동법칙인 관성의 법칙이다. 정지해 있는 물체는 계속 정지해 있고 운동하는 물체는 계속 운동하려고 한다. 그래서 버스가 급제동할 때 승객은 앞으로 쏠리게 된다. 계속해서 앞으로 나아가려는 관성 때문이다. 관성에 영향을 미치는 것은 외부의 힘이다. 움직이던 물체는 마찰이나 공기 저항 등으로 인해 멈추게 된다. 만일 움직임의 에너지와 마찰(또는 저항)을 계산한다면 물체가 어디에서 멈출지 알게 될 것이다. 그것은 일종의 미래에 대한 예측이다.

물리학은 물리법칙을 이용해 미래를 예측하려는 성격을 가지고 있다. 만약 자연의 법칙을 알게 된다면 그 법칙에 따라 미래에 어떤 모습이 펼쳐지리라는 것을 파악할 수 있다. 이때 필요한 것이 방정식이다. 방정식은 그 법칙을 계산해내는 식이다. 앞의 예처럼 마찰과 저항 그리고 운동 에너지를 계산해주는 식인 것이다.

법칙만 안다면 미래는 예측 가능한 것이 된다. 너무 많은 변수를 계산해야 하기 때문에 해답을 구하는 것이 어렵거나 아예 답을 구하지 못할 수는 있어도 답을 구하기만 한다면 미래는 예측된다.

그러나 이러한 법칙은 양자물리학에서 깨지게 된다. 그 문제를 제기한 방정식이 바로 슈뢰딩거의 방정식이다. 슈뢰딩거의 방정식에서는 하나의 답이 도출되지 않는다. 여러 개의 답이 도출된다. 이는 동일한 물리법칙에서도 서로 다른 결과가 나올 수 있음을 뜻하는 것이다. 그렇다면 중요한 것은 도출된 여러 값을 어떻게 해석하느냐의 문제다. 이것이 슈뢰딩거를 양자물리학의 거두로 만든 이유다. 하지만 슈뢰딩거의 방정식에 대한 해석에서 이견이 나타나고 그 때문에 양자물리학의 공헌자였던 슈뢰딩거는 양자물리학에서 등을 돌려 생명현상을 연구하게 된다.

물리학으로 본 생명체

슈뢰딩거는 물리학자이면서도 생물학의 새로운 지평을 열었다. 슈뢰딩거는 분자생물학을 들고 나왔다. 분자생물학이란 물리학의 분자 이론을 생물학에 적용한 것이다. 여기에서 핵심은 유전자다. 슈뢰딩거를 기점으로 생물학은 유전자에 대한 연구에 집중하게 된다. 슈뢰딩거 역시 유전자에 깊은 관심을 가지고 있었다.

부모로부터 자식에게 전해지는 것이 단지 이러저러한 특성들, 예를 들어 매부리코, 짧은 손가락, 류머티즘에 잘 걸리는 성향, 혈우병 등만이 아니라는 사실을 잊어서는 안 된다. 이러한 특성들은 유전법칙을 연구하기 위해 편의대로 우리가 선택한 것일지도 모른다. 그러나 그러한 특성이 결합하여 한 개의 수정란을 만드는 정자와 난자라는 두 세포의 핵 속에 있는 물질구조에 의해 전달된다. 그것은 가시적이고 뚜렷한 성질로서 몇 만 년에 걸쳐서 변할지 몰라도 몇 세대 사이에는 큰 변화 없이 유전되어 몇 백 년 동안 유지된다.

슈뢰딩거에 의하면 우리는 유전자를 통해서 부모와 그 윗세대의 특성을 부여받는다. 그것은 유전자에 특정한 능력이 내재되어 있기 때문이다. 그런데 유전자와 분자 이론은 어떤 관계가 있는 것일까? 원리는 간단하다. 유전자는 세포로 구성된다. 그리고 그 세포를 구성하는 것이 분자다. 때문에 분자를 지배하는 물리 · 화학적인 법칙은 유전자에 적용되게 된다.

그런데 여기서 한 가지 문제가 생긴다. 물리학의 절대 개념 중 하나는 열역학 제2법칙이다. 이는 시간에 따라 엔트로피가 증가된다는 것이다. 엔트로피의 증가는 질서의 상태에서 무질서로의 이행을 의미한다. 즉 시간이 지남에 따라 자연은 무질서하게 변한다는 것이다. 예를 들면 치우지 않는 방과 같다. 사람이 살면서 방은 점점 더 지저분해지는 쪽으로 바뀐다. 청소했을 때의 상태가 엔트로피가 감소한 질서의 상태라면 청소를 하지 않아 점점 지저분해지는 상태는 엔트로피가 증가한 무질서의 상태인 것이다.

이 엔트로피가 문제되는 이유는 생명이 시간의 흐름에 따라 질서의 상태로 나아가기 때문이다. 물리학의 법칙으로는 이를 설명하기 곤란했다. 슈뢰딩거는 이렇게 이야기한다.

열역학적 평형, 즉 죽음으로의 이행을 지연시키는 살아 있는 유기체의 신비하고도 탁월한 재능을 통계 이론적으로는 어떻게 표현할 수 있을까? 우리는 앞에서 다음과 같이 말했다. "생명은 음의 엔트로피를 먹고산다." 다시 말해 음의 엔트로피의 흐름을 자신에게 끌어당겨서 엔트로피의 증가를 보상함으로써 비교적 낮은 엔트로피 수준에서 일정하게 자신을 유지하는 것이다.

슈뢰딩거의 관심은 생명현상을 설명하는 것이다. 그러나 슈뢰딩거가 《생명이란 무엇인가》에서 말한 많은 부분이 분자생물학의 발전에 따라 수정되었다. 유전자의 구조와 기능을 핵단백질로 논하지 않은 점, X선에 의한 돌연변이를 다루면서 핵단백질의 화학 변화를 다루지 않은 점

등이 그런 경우다. 그러나 이 책은 여전히 그 주제에 관한 가장 유용하고 심오한 개론서 중 하나로 남아 있다.

토머스 쿤의 말처럼 패러다임은 바뀌게 되어 있다. 그러나 중요한 것은 어떠한 현상을 대하는 태도일 것이다. 슈뢰딩거는 이렇게 말한다.

우리는 분명 다음과 같이 느끼고 있다. 우리는 지금에야 세계를 전체로서 온전하고 제대로 이해하기 위해 필요한 믿을 만한 재료들을 얻기 시작했지만 다른 한편으로는 누구든 자신의 매우 좁은 전문 분야를 넘어서서 세계 전체를 완전히 이해한다는 것은 거의 불가능해졌다. 앞에서 말한 우리의 진정한 목적이 영원히 사라진 것이 아니라면 나는 우리 가운데 누가 되든지 비록 어떤 것은 불완전하고 간접적인 지식일지라도 그리고 그 때문에 이러한 작업을 하는 사람이 웃음거리가 되더라도 여러 가지 사실과 이론들을 종합하는 작업을 시작하는 것 말고는 이 딜레마에서 벗어날 길이 없다고 생각한다.

슈뢰딩거는 물리학의 분자 이론을 생명에 대한 연구에 적용했다. 특히 유전자에 관심을 가지고 연구했다. 영국의 과학 저술가 매트 리들리(Matt Ridley)는 인간의 유전자는 이기적이지만 인간의 정신은 사회성과 신뢰성을 지향한다고 했다. 두 사람의 글을 읽고 이타성이 인간의 본성인지에 대해 생각해보자.

◆ ◆ ◆

부모로부터 자식에게 전해지는 것이 단지 이러저러한 특성들, 예를 들어 매부리코, 짧은 손가락, 류머티즘에 잘 걸리는 성향, 혈우병 등만이 아니라는 사실을 잊어서는 안 된다. 이러한 특성들은 유전법칙을 연구하기 위해 편의대로 우리가 선택한 것일지도 모른다. 그러나 그러한 특성이 결합하여 한 개의 수정란을 만드는 정자와 난자라는 두 세포의 핵 속에 있는 물질구조에 의해 전달된다. 그것은 가시적이고 뚜렷한 성질로서 몇 만 년에 걸쳐서 변할지 몰라도 몇 세대 사이에는 큰 변화 없이 유전되어 몇 백 년 동안 유지된다. — 슈뢰딩거, 《생명이란 무엇인가》 중에서

◆ ◆ ◆

인간의 정신은 이기적인 유전자에 의해 만들어졌지만 사회성과 신뢰성을 지향한다. 이것이 내가 이 책에서 설명하고자 노력해온 주제다. 인간은 사회적 본능을 가지고 있다. 인간은 태어날 때부터 협동의 방

식을 개발하고, 믿을 만한 사람과 그렇지 못한 사람을 구별하고, 스스로 믿을 만한 사람임을 과시해 좋은 평판을 쌓고, 재화와 정보를 교류함으로써 노동 분화를 이루는 것 같은 소양들을 타고난다.

죄수의 딜레마는 이기주의자들 사이에 협동이 이루어지는 방법을 보여주는 사례다. …… 두 죄수가 서로 의리를 지킨다면 두 사람 다 유죄를 선고받겠지만 서로 불리한 증거를 폭로한 경우보다는 형량이 적기 때문에 두 사람 모두에게 이익이다. 그러나 어느 한쪽이 배신을 한다면 배신한 쪽이 훨씬 유리해진다. 여기에서 딜레마가 생긴다. 만약 도덕 감정을 개입시킨다면 상황이 너무 복잡해진다. 우리는 이 게임을 통해 도덕적 진공 상태에서 논리적 '최선' 행위를 발견할 수 있다. '올바른' 행위가 무엇인지 묻는 것이 아니므로 정답은 '배신'이다. 이기적으로 행동하는 것이 가장 합리적이다. 그러나 죄수의 딜레마 게임을 두 차례 이상 시행할 경우에 가장 합리적인 선택은 이기주의가 아니었다. 두 사람에게 판돈을 주고 100회에 걸쳐 게임을 반복하게 했는데, 예상과 달리 그들은 서로 진지하게 협동하는 모습을 보였다. 그들은 100회의 게임 중에서 60회나 협동을 하여 상호부조의 이익을 누렸다. 그들에게 게임을 하면서 노트에 기록을 하도록 했는데, 그 기록을 보면 그들은 상대의 호의를 유도하기 위해 먼저 상대에게 호의를 보였다. 이런 태도는 마지막으로 상대를 속이고 한판 승부를 노릴 수 있는 막판 게임에서도 나타났다. 동일한 상대와 반복적으로 여러 차례의 게임을 할 때에는 적의 아닌 호의가 게임의 규칙이었던 것이다.

– 리들리, 《이타적 유전자(The Origins of Virtue)》 중에서

◆ ◆ ◆

20

패러다임은 어떻게 변화하는가

쿤 《과학혁명의 구조》

서울대 사상고전 100선에 선정된 핵심 포인트

'패러다임(paradigm)', '정상 과학(normal science)' 등의 개념들로 특징지어지는 토머스 쿤의 과학관을 담고 있는 책. 과학상의 변화 또는 발전이 축적적이 아니라 혁명적이며, 그 같은 혁명적 변화인 과학혁명들 사이에 비혁명적이고 안정된 정상 과학의 기간이 있고 이 기간의 과학이 패러다임을 특징지어준다는 그의 이론이 실제 과학 역사상의 예들을 통해 설득력 있게 뒷받침되고 있다. – 김영식 서울대학교 명예교수

하버드 대학교 최우등 졸업자

중세에는 모든 지식이 진리로 인정되기 위해 종교의 권위를 빌려야 했다. 그런데 현대 사회에서는 사람들이 자신의 주장을 정당화하기 위해 과학을 권위 있는 증거로 제시하고 싶어 한다. 그리하여 자신의 주장을 입증하려는 사람들은 자신의 주장을 과학적이라고 주장하거나 최소한 과학이 제시하는 사실들에 어떻게든 연결되어 있음을 보이려고 노력해왔다.

그러면 과학에 대한 신뢰감은 어디에서 나온 것일까? 언뜻 생각해본다면 원자폭탄이나 여러 가지 문명의 이기들을 만들어낸 과학의 위력에 대한 존경심일 수도 있다. 그러나 조금 더 따지고 들어간다면 과학에 대한 일반화된 관념과 관련되어 있음을 발견하게 된다. 즉 '과학은 객관적이고 경험적으로 증명되며, 과학적 연구는 항상 엄밀하고 합리적인 방식으로 진행된다'는 과학관이 과학에 대한 신뢰감의 밑바닥에 깔려 있다. 이러한 과학관은 전문가든 비전문가든 관계없이 거의 모든 사람들에게 상식으로 받아들여졌다. 적어도 1950년대 중반까지 거기에 이의를 제기한다는 것은 생각하기조차 힘든 일이었다.

그러나 1950년대 후반부터 이러한 과학관에 대한 의문이 제기되다가 1962년 토머스 쿤(Thomas Kuhn, 1922~1996)의 《과학혁명의 구조(The Structure of Scientific Revolutions)》가 발표되면서 이 과학관에 결정적인 타격이 가해졌다. 쿤은 과학이 반드시 객관적이거나 합리적으로 진행되는 것이 아니라는 사실을 과학사 연구를 통해 제시했다. 쿤은 일반적으로 받아들여졌던 생각과는 달리 과학자 집단의 권위와 과학자 개인의 주관적 신념이 실제의 과학에서 많은 역할을 하고 있다고 주장했다. 또한 과학의 역사는 하나의 신념에 입각한 지배적 이론이 새로운 신념에 입각한 또 다른 이론에 의해 '혁명적'으로 교체되는 방식으로 발전한다고 주장했다.

쿤은 미국의 오하이오 주 신시내티에서 태어났다. 하버드 대학교에서 물리학을 전공하여 최우등으로 졸업했다. 대학 졸업 후 2년간 무기 연구 기관인 '과학 연구 및 개발 연구소(OSRD)'에서 일하다 제2차 세계대전이 끝나자 하버드 대학원으로 돌아가 다시 이론물리학의 세계로 들어섰다. 그러나 쿤은 곧 관심 분야를 바꿔서 과학사와 과학철학을 연구하며 심리학과 언어학 그리고 사회학을 두루 섭렵했다. 그리고 1957년에 처음으로 과학사인 《코페르니쿠스 혁명(The Copernican Revolution)》을 발표했다. 이 책에서 쿤은 과거의 과학 이론들을 연구하면서 실제 과학적 사실들이 당시 일반적으로 가지고 있던 과학관과 전혀 다른 면모를 보여준다는 사실에 크게 충격을 받았다고 했다. 쿤은 과학사에 대한 나름의 접근법을 발전시켰다. 그리고 여기에 스탠퍼드 대학교의 '행동과학 고등연구 센터'에서 사회과학자들과 생활하는 동안 창안한 '패러다임'이란 개념을 결합하여 새로운 과학철학을 창안했다.

그러면 패러다임이란 무엇인가? 패러다임은 어느 일정한 시대에 과학자들이 공유한 신념, 가치, 문제 풀이 방식 등을 말한다. 쿤은 1962년에 역사적인 《과학혁명의 구조》를 저술했다. 이 책에서 쿤은 "과학은 누적적으로 발전하는 것이 아니라 패러다임이 불연속적으로 교체되는 방식으로 발전한다"라고 주장했다. 이 책을 통해 패러다임이라는 유행어가 만들어졌다. 지금은 학문 연구뿐만 아니라 일상생활에서도 패러다임이라는 말이 사용되고 있다.

과학에서도 혁명은 일어난다

기존의 정치제도가 거기서 파생되는 문제들을 해결하지 못할 때 혁명이 일어나듯 자연과학에서도 혁명이 일어난다. 과학혁명의 구조를 가장 단순화할 경우 과학에서 정치제도와 사회제도에 해당하는 것이 바로 패러다임이다. 쿤은 아리스토텔레스의 《자연학(Physica)》, 뉴턴의 《프린키피아》 등을 예로 들어 패러다임을 설명한다.

> 그것들의 성취는 과학 활동의 경쟁 방식으로부터 끈질긴 옹호자들의 무리를 떼어낼 만큼 전대미문의 것이었다. 동시에 모든 유형의 문제들을 연구자들의 재편된 그룹이 해결하도록 남겨놓을 만큼 상당히 융통성이 있었다. 이 두 가지 특성을 띠는 성취를 이제는 패러다

임이라고 부르기로 한다.

패러다임은 고정불변의 것이 아니다. 패러다임은 특정 시기의 과학자 집단이 공유하는 문제 해결의 모델이다. 그런데 이 패러다임으로 해결할 수 없는 문제들이 증가할 경우 혁신적인 과학자들이 새로운 패러다임을 들고 나온다. 새로운 패러다임은 과거의 패러다임과 경쟁함으로써 과거의 것을 대체하게 된다. 이러한 패러다임의 교체가 바로 '과학혁명'이다.

패러다임은 쿤의 이론에서 핵심적인 개념이다. 쿤에 따르면 대부분의 과학적 연구 활동은 새로운 이론을 탐구하는 작업이 아니라 패러다임을 적용해 새로운 문제를 해결하는 작업이다. 자연과학은 끊임없이 자기 자신의 전제에 대해 물음을 던지고 새로 시작하는 것이 아니다. 이미 과학자 집단에 의해 공인된 패러다임을 전제하고 그 위에서 여러 문제들을 해결하고자 한다.

쿤이 제시한 과학혁명의 구조를 요약하면 다음과 같다.

전 패러다임기－정상 과학－위기－경쟁적 패러다임의 출현－과학혁명－새로운 정상 과학

자연과학에서 하나의 패러다임이 아니라 여러 학파들이 난립하여 경쟁하는 시기가 있다. 이를 '전 패러다임기'라고 한다. 그러다가 하나의

학파가 승리하여 '정상 과학'의 단계가 시작된다. 정상 과학은 '그 분야의 모든 과학자가 하나의 패러다임에 근거하여 연구 활동을 하는 과학'을 의미한다. 그런데 과학 연구를 하다 보면 기존의 이론과 맞지 않는 현상들이 나타나게 마련이다. 이때 과학자들은 패러다임을 변형하거나 보조적인 가설을 세움으로써 기존 패러다임을 유지하려고 애쓴다. 그러나 현재의 패러다임으로 설명할 수 없는 사실이 증가함에 따라 기존의 패러다임은 '위기' 상태가 된다. 소수의 혁신적인 과학자들이 새로운 패러다임들을 제기하고 새로운 패러다임들은 '기존 패러다임과 경쟁'을 벌이게 된다. 그러다가 새로운 패러다임들 중 하나가 승리하게 되면 '새로운 정상 과학의 시기'가 시작된다.

과학혁명은 마치 정치혁명처럼 기존의 패러다임이 위기 상황을 제대로 해결하지 못하여 새로운 패러다임으로 대체되는 과정을 가리킨다. 과학혁명과 정치혁명의 유사성은 또 다른 점에서도 발견된다. 정치혁명에서는 새로운 정치체제의 선택이 논리적이고 합리적인 방식이 아니라 설득이나 다수의 지지에 의해 결정된다.

마찬가지로 과학혁명에서 새로운 패러다임의 선택 또한 객관적 증거와 논리가 아니라 하나의 패러다임이 과학자 집단을 설득하여 다수의 동의를 얻음으로써 이루어진다. 쿤은 이러한 과학혁명의 예로서 프톨레마이오스의 지구 중심 이론에서 코페르니쿠스의 태양 중심 이론으로의 변혁, 뉴턴의 역학에서 아인슈타인의 상대성이론으로의 변혁 등을 제시한다.

갈채받는 실증주의의 분해자

과학은 객관적인가? 쿤은 과학의 객관성, 합리성, 엄밀성에 비판을 가했다. 하나의 패러다임이 과학자들 사이에서 공유되는 정상 과학의 시기에 과학자들은 엄정하게 객관적인 눈으로 자연을 관찰하는 것이 아니라 교과서에서 습득한 세계관과 가치 기준 그리고 문제 해결 방식에 따라 대상을 바라보고 연구한다. 과학자의 연구에는 그의 주관이 강력하게 영향을 미친다.

그래서 실제 관찰에서 패러다임에 부합하지 않는 사례들이 발견되어도 초기에는 과학자 집단이 크게 동요하지 않는다. 패러다임에 대한 믿음이 있기 때문에 패러다임에 부합하지 않는 사례는 기껏해야 '예외'로 치부될 뿐이다.

엄정한 자연 관찰과 실험을 통해 과학적 이론에 도달할 수 있다는 귀납적 과학 방법론에서나 이론을 끊임없이 반증하여 폐기할지 말지를 결정하는 반증주의에서나 한결같이 객관적이고 합리적인 것으로 신성시되던 과학 연구는 이쯤에서 그 신화적 광채를 잃어버린다.

쿤은 여기서 더 나아간다. 과학 연구의 대상이 되는 자연현상조차 사람에 따라 달리 선택된다는 것이다. 바라보는 사람의 선입견과 그 시대를 지배하는 패러다임에 따라 연구하는 자연현상이 달라지고 그 현상 중에서 강조하는 측면이 달라진다. 과학자들은 주로 자신의 주장을 입증하는 데 유리한 현상들만을 강조하고 불리한 현상들은 외면하려 한다.

관찰 대상 선택에 관찰자의 주관이 영향을 미치고 관찰자의 생각이 특정 패러다임의 지배를 받는다면 '과학 연구는 과학자의 주관적인 가치관과는 별개로 경험적 관찰만을 통해 이루어진다'는 '과학의 가치중립성'을 믿는 실증주의적 전통이 무너지지 않을 수 없다.

유럽의 중세가 '종교의 시대'로 기록되었듯 유럽의 20세기는 '과학의 시대'로 기록될 것이 분명하다. 그런데 갈릴레이를 심판하던 중세 기독교의 영토는 유럽으로 제한되어 있었지만 과학은 전 지구에서 힘을 떨치고 있다. 과학이 맹위를 떨치던 20세기의 한복판에서 쿤은 '과학관'의 혁명가 역할을 했다. 쿤은 실증주의적 과학관이라는 견고한 체제를 전복시킨 '실증주의의 분해자'였다.

이제 과학을 얘기하면서 쿤을 빼놓을 수는 없게 되었다. 쿤의 연구 덕분에 과학이 반드시 객관적인 것만은 아니며 과학에도 비합리적 요소가 다소 내포되어 있다는 것이 어느 정도 공인된 사실이 되었다. 어느 특수한 분야에서 혁명적인 사상을 제시하기란 쉽지 않다. 더욱이 그 분야를 넘어서 다른 분야들에까지 그 영향을 미치기란 더욱 어려운 일이다. 그러나 쿤은 이 두 가지 모두를 이루었다.

쿤은 과학이 패러다임의 교체라는 혁명을 통해 발전해왔다고 말했다. 따라서 과학은 결코 주관성을 배제한 객관적인 학문이 될 수 없다고 했다. 반면 독일의 역사학자 랑케(Leopold von Ranke)와 영국의 철학자 포퍼(Karl Raimund Popper)는 과학이 객관성에 입각해 있다고 보았다. 다음의 글들을 읽고 과학에서 '주관성과 객관성'에 대해 생각해보자.

◆ ◆ ◆

과학은 객관적인가? 쿤은 과학의 객관성, 합리성, 엄밀성에 비판을 가했다. 하나의 패러다임이 과학자들 사이에서 공유되는 정상 과학의 시기에 과학자들은 엄정하게 객관적인 눈으로 자연을 관찰하는 것이 아니라 교과서에서 습득한 세계관과 가치 기준 그리고 문제 해결 방식에 따라 대상을 바라보고 연구한다. 과학자의 연구에는 그의 주관이 강력하게 영향을 미친다. …… 쿤은 여기서 더 나아간다. 과학 연구의 대상이 되는 자연현상조차 사람에 따라 달리 선택된다는 것이다. 바라보는 사람의 선입견과 그 시대를 지배하는 패러다임에 따라 연구하는 자연현상이 달라지고 그 현상 중에서 강조하는 측면이 달라진다. 과학자들은 주로 자신의 주장을 입증하는 데 유리한 현상들만을 강조하고 불리한 현상들은 외면하려 한다.

관찰 대상 선택에 관찰자의 주관이 영향을 미치고 관찰자의 생각이 특정 패러다임의 지배를 받는다면 '과학 연구는 과학자의 주관적인 가치관과는 별개로 경험적 관찰만을 통해 이루어진다'는 '과학의 가치 중립성'을 믿는 실증주의적 전통이 무너지지 않을 수 없다. –본문 중에서

랑케는 오로지 실재했던 사실만을 기술하고자 했다. 사료(史料)에 대한 비판적 검증을 통해 문헌 안에서 역사적 사실만을 가려내려고 했던 것이다. 랑케의 모든 저작에는 역사적 객관성을 향한 강한 의지와 동력이 엿보인다. 랑케는 언제나 무한히 풍부한 사건들로부터 객관적, 역사적 연관을 찾되, 형이상학적인 역사 구성의 오류를 범하지 않는 실증적인 탐구 방법을 추구했다. 즉 사실을 있는 그대로 파악하기를 원했던 것이다. 랑케는 자신의 현재에서 눈을 떼고, 불편부당하고 객관적인 과학으로서의 역사학을 정립하려고 노력했다.

– 딜타이(Whilhelm Dilthey), 《정신과학에서의 역사적 세계의 구성》 중에서

과학의 발전은 대부분의 경우 기존 이론으로 설명할 수 없는 현상의 발견, 이를 설명하기 위한 새로운 가설의 제기, 이 가설의 검증, 검증 결과에 따른 가설의 폐기 또는 이론으로서의 정립 과정을 거친다. 새로운 가설이 기존 이론이 설명할 수 있는 것보다 일반화되어 더 많은 것을 설명할 수 있거나 기존 이론보다 간단한 가정으로 현상을 설명할 수 있다면 그 새로운 가설은 이러한 검증 과정을 통하여 보다 우월한 이론으로 인정될 수 있을 것이다.

– 포퍼, 《과학적 발견의 논리(The Logic of Scientific Discovery)》 중에서

◆ ◆ ◆

5부

세계를 관찰하는 도구

16세기 말엽 두 가지 중요한 기구가 발명되었다. 현미경과 망원경이다. 1590년 네덜란드의 안경 제조공 한스 얀센이 현미경을 발명했다. 그로부터 10여 년 뒤 같은 마을에 사는 한스 리페르세이가 망원경을 발명했다.

현미경과 망원경은 관찰의 대상이 다르다는 차이가 있지만 눈에 보이지 않는 사물을 관찰할 수 있게 했다는 공통점이 있다. 관찰할 수 있는 대상이 넓어지면서 자연과학은 급속도로 발전했다.

인간이 사는 세계를 관찰하는 도구는 방법론이다. 사상가들은 우리가 사는 세계를 이해하기 위한 다양한 방법론을 발견하고 발전시켜왔다. 오늘날까지도 큰 영향력을 미치고 있는 방법론도 있다. 이 방법론을 앎으로써 우리는 세계를 이해할 수 있는 도구를 가지게 될 것이다.

5부에서는 세계를 이해하는 방법론을 주제로 네 편의 글을 해설했다. 콩트의 《실증철학 강의》, 소쉬르의 《일반 언어학 강의》, 샤르댕의 《인간현상》, 하이젠베르크의 《부분과 전체》가 그것이다.

콩트는 실증주의 방법론을 제시했다. 실증주의란 사물을 있는 그대로 보고 관찰하자는 것이다. 실증주의는 오늘날까지도 상당한 영향력을 가진 방법론으로 특히 보수적인 학문의 토대가 되고 있다. 소쉬르는 구조주의를 제안했다. 구조주의는 사물에 대한 외적 영향을 배제하고 사물의 구조를 파악하자는 주장이다. 구조주의는 실증주의와 대립하는 주장으로 지금도 역시 영향력을 발휘하고 있다. 샤르댕은 신부임에도 진화론을 받아들인 독특한 이력을 가졌다. 샤르댕의 진화론은 종교와 과학을 조화시키려는 노력으로 평가받고 있고 오늘날에도 종교계 일부에서 여전히 채용하고 있는 방법론이다. 하이젠베르크는 부분과 전체를 통일시키자고 주장한다. 오늘날의 학문이 전공 중심으로 극히 세분화되면서 학자들은 전체를 상실하고 부분에만 매달려 있는 형편이다. 학문 간의 칸막이를 없애자거나 통섭의 학문을 하자는 주장이 설득력을 얻고 있는 지금 부분에만 매몰되지 말자는 하이젠베르크의 주장을 되새겨볼 만하다.

여기에서 소개한 방법론은 수많은 방법론 중의 극히 일부에 불과하다. 사상 고전을 읽을 때 사상가가 제시하는 방법론을 이해하고 실제로 적용해보려고 노력한다면 그 사상 고전의 내용을 더욱 잘 이해할 수 있을 것이다. 그러나 무엇보다 중요한 방법론은 자신의 머리로, 눈으로 이 세상을 보고 생각하는 주체적 노력일 것이다.

21

태생적 한계를 가진 실증주의

콩트 《실증철학 강의》

서울대 사상고전 100선에 선정된 핵심 포인트

프랑스 실증주의의 창시자인 콩트는 프랑스뿐만 아니라 19세기 전 유럽의 사상 형성에 지대한 영향을 끼쳤다. 과학의 실증성을 강조한 콩트는 특히 사회학을 인간들 간의 사회적 관계를 연구하고 이러한 관계가 어떻게 역사의 과정 속에서 변해가는지를 탐구하는 학문으로 규정함으로써 사회학이 새로운 학으로서의 지위를 가질 수 있는 길을 열었다. 《실증철학 강의》에서 그는 각 역사적 단계에서의 인간 정신, 즉 과학이 그 이전의 단계에 의존하여 진보하고 있음을 증명해 보이고자 했다.

– 김효명 전 서울대학교 명예교수

생시몽의 비서

노동자계급은 사회에서 으뜸가는 계급에 속해야 한다. 왜냐하면 노동자계급은 여러 계급 중에서 가장 중요한 계급이기 때문이다. 어떠한 계급이든지 노동자계급을 소홀히 할 수 없지만 노동자계급은 다른 어떠한 계급도 필요하지 않다. 왜냐하면 노동자계급은 자기 자신의 능력과 노동으로 존재하기 때문이다. 다른 계급에 속한 사람들은 노동자계급을 위해 일해야 한다. 왜냐하면 다른 계급에 속한 사람들은 노동자계급 덕택에 존재하기 때문이다.

프랑스의 공상적 사회주의자인 생시몽(Claude Henri de Rouvroy Saint-Simon)은 〈산업자의 정치적 교리문답〉에서 노동자계급이 여타 다른 계급보다 중요하다며 이렇게 말했다. 생시몽은 귀족 집안의 장남으로 태어났지만 청년 시절에 계몽주의자 달랑베르(Jean Le Rond d'Alembert)로부터 배운 후 귀족의 지위를 던져버리고 미국의 독립전쟁에 참가하기도 했다. 또한 프랑스 대혁명 때는 자코뱅파에 가까운 입장을 취하기도 했다. 생시몽은 프랑스 대혁명의 정신을 실현하고자 했다. 특히 자본주의가 발전하면서 나타난 노동자계급의 비참한 현실에 주목했다. 그래서 생시몽은 평등과 협동을 기반으로 하는 새로운 사회의 건설을 목표로

콩트(왼쪽)와 생시몽(오른쪽)

했다. 생시몽의 학설은 사회주의사상의 형성에 영향을 미쳤을 뿐만 아니라 오늘날에도 협동조합 운동에 영향을 미치고 있다.

콩트(Auguste Comte, 1798~1857)는 청년 시절 생시몽의 비서이자 제자였다. 그러나 생시몽과 콩트는 의견이 갈라졌다. 사회 개혁을 위한 행동을 중시하는 생시몽과 달리 콩트는 사회 안정을 중시했다. 결국 콩트는 생시몽과 결별하고 자신의 독자적인 학문체계를 형성했다.

그렇지만 콩트는 생시몽으로부터 여러 가지 아이디어를 차용했다. 콩트는 "사랑을 원리로, 질서를 기초로, 진보를 목표로"를 자신의 모토로 내세웠다. 이 중에서 사랑은 타인을 위해 사는 도덕적, 정치적 실천을 강조하는 것으로 생시몽의 박애 정신에서 따온 것이다. 또한 콩트는 질서와 진보를 실증주의적 방법으로 해명해야 한다고 했는데, 이것 역시 생시몽의 아이디어를 빌려온 것이다. 생시몽은 "인간과학과 사회과학이 관찰된 사실을 기초로 하는 실증과학으로서 구축되어야 한다"고 말한 바 있다. 콩트는 이 말에서 실증과학을 따와 '실증주의'와 '사회학'을 제시했다.

콩트는 프랑스 남부의 몽펠리에에서 태어났다. 콩트의 시대는 프랑스 대혁명의 여파로 불안정한 시기였다. 콩트는 자연히 사회 안정에 관심을 갖게 되었다. 콩트는 에콜 폴리테크니크를 다녔지만 집안 형편이 어려워 그만두고 생시몽의 비서로 들어갔다.

콩트는 의견 차이로 생시몽과 결별한 이후 가정교사로 근근이 생계를 유지하면서 《실증철학 강의(Cours de philosophie positive)》 집필에 집중했다. 《실증철학 강의》가 처음 발간된 것은 1830년이었다. 1권을 발간한 이후에도 연구를 계속하여 12년 후인 1842년에 이르러 6권의 발간이 완료되었다.

형이상학의 거부

그러면 콩트가 주장하는 실증주의란 무엇인가? 실증주의는 한마디로 형이상학을 거부하는 경향을 말한다. 형이상학이란 세계의 근원을 탐구하는 학문이다. 즉 플라톤의 '이데아', 성리학의 '이(理)', 신의 존재 증명 등을 밝히고자 하는 것이 형이상학이다. 실증주의는 형이상학에 반대한다. 실증주의의 근본정신은 주어진 것 혹은 실재하는 것, 즉 실증적인 것에 근거를 두고 모든 문제를 해명하려는 것이다.

실증주의 정신의 이면에는 과학에 대한 믿음이 있다. 콩트가 살았을 당시 과학이 놀라울 정도로 발전했다. 과학의 발전에 따라 과학적 방법을 모든 학문에 적용해야 한다는 사고가 생겨났다. 실증주의는 그런 사고의 표현이었다.

콩트는 실재하는 경험적 사실을 벗어난 영역에서 행해지는 학문을 불필요한 것으로 간주했다. 그런데 실증적인 사실이란 오직 현상계에서만 나타날 뿐이다. 따라서 콩트는 철학과 모든 학문을 현상계에만 국한시킨다.

우리가 할 수 있는 일은 첫째, 현상계를 통하여 주어진 모든 사실을 있는 그대로 받아들이고, 둘째, 이 주어진 사실들을 일정한 법칙에 따라 정리하며, 셋째, 여기에서 인식된 법칙을 토대로 앞으로 현상계에서 나타날 여러 사실을 예견하여 그에 대처할 준비를 하는 것이다.

이것이 콩트가 말하는 실증주의의 원리다. 주어진 사실을 있는 그대로 받아들여서 법칙으로 정리한 다음 그 법칙으로 미래의 세계를 예견하자는 것이다.

콩트는 인간 사유의 발전 과정에 3단계 법칙이 있다고 했다. 신학적이며 가정적인 단계, 형이상학적이며 추상적인 단계, 과학적이며 실증적인 단계가 그것이다. 신학적 단계에서 인간은 사물의 제1원인, 즉 사물의 궁극적 목적을 탐구하는 데 집중한다. 형이상학적 단계에서 인간은 초자연적인 힘 대신에 추상적인 힘, 개념, 실체 등에 주목한다. 그리고 실증적 단계에 이르러 인간은 신학적이든 형이상학적이든 어떤 종류의 절대적 인식에 도달하는 것이 무의미하다는 것을 깨닫게 된다. 그래서 인간은 이 단계에 이르러 비로소 우주의 기원과 궁극적 목적, 모든 우주적 현상 이면에 존재하는 궁극적 본질을 포착하려는 노력을 포기한다. 오직 경험적인 관찰과 이성을 활용하여 주어진 사실에서 나타나는 유사성과 연속성의 법칙만을 파악하려고 하게 된다.

콩트는 인간 사유의 3단계 발전이 인류 전체의 정신적 발전뿐만 아니라 인간의 개체적 발달 과정에도 해당된다고 말한다. 그래서 콩트는 "유년기에는 신학자, 청년기에는 형이상학자, 성년기에는 물리학자로 바뀌지 않는 인간이 있는가?"라고 반문한다. 그리고 콩트는 이 3단계 법칙이 개별 과학의 모든 분야에 해당된다고 말한다. 즉 모든 학문은 처음에는 신학적 개념이 지배하고, 그다음 단계에서는 형이상학적 관념을 방편으로 삼으며, 마지막 성숙기에 도달하여 실증적 지식을 획득하는 단계에 이른다는 것이다.

보수적 학문의 보루

콩트는 취급하는 대상이나 현상의 영역을 중심으로 학문을 구분한다. 모든 현상은 무기계와 유기계로 구분된다. 무기계를 다루는 학문은 두 부분으로 구별된다. 즉 전반적인 우주현상을 고찰하는 천문학과 지구상의 무기적 현상을 고찰하는 물리학과 화학이 그것이다.

유기계를 다루는 이론도 두 가지로 구분된다. 생명체의 현상을 연구하는 생물학과 사회현상을 연구하는 사회학이 그것이다. 여기에서 콩트는 '사회학'이라는 개념을 제시한다. 사회학(sociology)이란 사회를 의미하는 라틴어 '소키에타스(societas)'와 이성(혹은 학문)을 의미하는 그리스어 '로고스(logos)'를 합하여 만든 개념이다.

그리고 수학이 있다. 데카르트와 뉴턴은 수학이 모든 학문의 기초라고 말했다. 콩트는 모든 학문이 낮은 단계에서 높은 단계로 발전해간다고 말한다. 왜냐하면 낮은 단계의 학문이 그다음 단계 학문의 기초가 되기 때문이다. 그러므로 콩트의 분류법에 따르면 모든 학문은 수학→천문학→물리학→화학→생물학→사회학의 순으로 발전하게 된다.

그래서 콩트는 가장 높은 단계의 학문인 사회학에 대한 분석에 역점을 두었다. 콩트는《실증철학 강의》총 여섯 권 중 세 권에서 사회학 분야를 다루었다. 콩트가 이 분야에서 밝혀놓은 것은 이후 사회학의 이론적 지침이 되었다. 그 중요한 지침 중에 하나가 사회학의 내용을 사회 정태론(공동체의 자연적 질서론)과 사회 동태론(발전론)으로 구분한 것이다.

또한 콩트는 자신의 3단계 사회 발전 법칙을 적용하여 역사의 발전 과정을 서술한다. 신학적 단계에 인간은 신의 권위에 사로잡혀 있다. 이 시대의 통치 형태는 봉건주의다. 다음으로 형이상학적 단계에서 종교적 확신이 붕괴되어 신학적 원리가 타파되고 형이상학적 관념이 승리를 거둔다. 형이상학적 단계에서 프랑스 대혁명이 일어나 혁명적 시대의 막이 오른다.

마지막으로 실증적 단계에 이르면 혁명적 붕괴를 대신하여 새로운 질서가 뿌리내린다. 이 단계에 이르면 초자연적 존재나 형이상학적 원리에 대한 신뢰가 아니라 오직 직업인과 전문가에 의한 과학적 통찰만이 사회생활 전반을 좌우하는 결정 요인으로 등장한다. 그리고 실증적인 생활 태도를 지닌 철학자와 사회학자만이 정신생활의 기본 방향을 주도하는 최고의 결정권자가 된다. 이 단계에서 통치행위는 은행가, 상인, 공장 경영자, 농장 소유자와 같은 전문가들이 중심인 기관에 의해 이루어진다.

신학적 시대에 상응하여 봉건주의 사회체제가 등장했듯이 콩트는 실증적 시대에는 산업 기구가 사회를 구성하는 가장 중요한 역할을 할 것이라고 했다. 또한 콩트는 학문과 경제가 미래 사회의 존재 형식을 좌우하는 결정적인 동력이 되리라고 보았다.

콩트의 역사 인식은 봉건주의와 자본주의가 여전히 투쟁하고 있는 현실을 반영한 것이었다. 자본주의가 발전하고 있었으나 여전히 봉건적 속박이 남아 있었다. 이런 시기에 자본주의 옹호는 진보적 측면을 갖는다. 콩트는 자본주의를 인류가 이룩한 최고의 사회 발전 단계라면서 강력히 옹호했다.

자본주의가 결정적 승리를 거둔 후인 20세기에 콩트의 실증주의는 보수적 학문의 보루가 되었다. 단지 시대의 변화 때문만은 아닐 것이다. 기본적으로 콩트의 실증주의는 생시몽의 철학에서 박애 정신과 노동자에 대한 사랑을 거세하면서 생겨났다는 태생적 한계가 있기 때문이다.

콩트는 형이상학적 사유를 거부하고 현상계의 사실에 입각한 실증적 연구를 주장했다. 우리나라 정부는 통계적 수치를 바탕으로 노인 문제에 대한 대책을 모색하고 있다. 반면 고대 로마의 철학자 키케로는 노인에 관한 형이상학적 성찰을 보여주었다. 다음의 글들을 읽고 노인 문제에 대해 각각의 사유 방식에 따른 해법을 생각해 보자.

◆ ◆ ◆

우리가 할 수 있는 일은 첫째, 현상계를 통하여 주어진 모든 사실을 있는 그대로 받아들이고, 둘째, 이 주어진 사실들을 일정한 법칙에 따라 정리하며, 셋째, 여기에서 인식된 법칙을 토대로 앞으로 현상계에서 나타날 여러 사실을 예견하여 그에 대처할 준비를 하는 것이다.

– 콩트, 《실증철학 강의》 중에서

◆ ◆ ◆

생산가능인구는 2016년 3650만 명을 정점으로 감소하고, 생산가능인구의 평균 연령도 2005년 38세에서 2020년 41.8세, 2030년 43.1세로 증가할 것으로 예상된다. 또한 사회적 측면에서 노인인구 부양을 위한 생산가능인구의 조세, 사회보장비 증가로 세대 간 갈등이 야기될 가능성이 높다. 노인 부양 부담이 계속 증가하여 2005년에는 생산가능인구

8.2명이 노인 한 명을 부양했으나 2020년에는 4.6명, 2050년에는 1.4명이 노인 한 명을 부양해야 한다. – 대한민국 정부, 《저출산 고령 사회 기본계획》 중에서

◆ ◆ ◆

일을 수행하는 데에 노인이 관여하지 않는다고 말하는 자들은 어떠한 정당한 근거도 대지 못하지. 이러한 자들은 마치 항해에서 키잡이가 아무 일도 하지 않는다고 말하는 자들과 같지. 다른 자들이 배의 돛대에 오르고, 배의 통로를 뛰어다니고, 갑판의 물을 배수시키는 동안 노인은 키를 잡고서 조용히 선미(船尾)에 앉아 있다는 이유에서지. 노인은 젊은이들이 하고 있는 일을 하지는 않네. 그러나 노인은 진실로 더욱 중대하고 큰일을 하고 있지. 큰일은 육체의 힘이나 재빠름이나 기민함이 아니라 사려 깊음과 영향력과 판단력에 의해 행하여진다네. 노인이 되면 이러한 특징들이 빈약해지는 것이 아니라 오히려 더 풍부해진다네.

– 키케로, 《노년에 관하여(De senectute)》 중에서

◆ ◆ ◆

22

언어와 세계에 구조의 골격을 세우다

소쉬르 《일반 언어학 강의》

서울대 사상고전 100선에 선정된 핵심 포인트

1916년 간행된 소쉬르의 이 저작은 인간 언어의 본질에 대한 과학적 탐구를 표방하는 일반 언어학을, 새로이 구성된 기호학의 조망 속에서 20세기의 주요한 독립적인 인간 과학의 하나로 정립시키는 데 결정적인 기여를 했다. 이 저서는 언어에 대한 과학적 연구 영역에서 필연적으로 조우하게 되는 일련의 기본적인 개념을 체계화하고 있는데, 역사 실증주의적 연구와 단절을 이루는 그 내용은 현대 구조주의 언어학의 초석이 되었다.

– 홍재성 서울대학교 명예교수

15세에 선생을 놀라게 하다

20세기 중 · 후반의 지성사는 구조주의의 쓰나미에 휩쓸린다. 인문, 사회, 과학 등 전 분야는 구조주의에 열광했다. 구조주의는 하나의 철학이나 이론의 유파가 아니라 세상을 이해하고 세상의 관계를 규명하는 세계관이 되었다. 현대 언어학의 시작점이라고 불리는 소쉬르(Ferdinand de Saussure, 1857~1913)는 동시에 구조주의 시대를 연 인물이기도 했다.

스펙을 쌓기 위해 외국어를 배운다. 그러나 단어만 외운다고 외국어를 배울 수는 없다. 언어가 조합되는 체계와 문법을 알지 못하면 언어를 배울 수 없다. 체계와 문법은 일종의 구조다. 또한 구조를 안다는 것은 세상이 어떻게 움직이는지를 아는 것과 같다. 구조를 모르고서는 나도 세상도 변화시킬 수 없다. 내가 선 곳이 어디인지 모르는데, 어디로 갈지를 알 수 있을까? 세상이 어떻게 움직이는지 모르는데 어떻게 세상을 원망할 수 있을까?

구조란 무엇일까? 왜 언어학에서 구조주의가 시작되었을까? 20세기 지성사에 가장 영향력 있는 인물로 꼽히는 마르크스와 프로이트(Sigmund Freud). 여기에 한 사람을 더 꼽으라면 당연히 소쉬르일 것이다. 소쉬르는 무엇을 말하고 싶었을까?

언어는 자의적 변별적 기호체계다.

이 하나의 명제가 모든 의문의 시작점이자 종착점이다.

소쉬르는 스위스 제네바에서 태어났다. 소쉬르는 조숙한 천재였다. 중학생 시절인 열다섯 살 때 〈언어의 일반 체계〉라는 논문을 집필하여 교사들을 깜짝 놀라게 했다. 라이프치히 대학교에 유학 중이던 스물한 살 때는 〈인도유럽어 원시 모음 체계에 관한 논문〉을 발표하여 언어학계에 파문을 일으켰다. 소쉬르는 학생 시절부터 모국어인 프랑스어는 물론 독일어, 영어 등의 현대 언어뿐만 아니라 라틴어, 고대 그리스어, 고대 페르시아어, 고대 독일어에 능통했다. 소쉬르는 〈산스크리트어의 절대 속격 용법〉이란 학위 논문으로 라이프치히 대학교를 졸업하고, 제네바 대학교에서 산스크리트어, 비교 문법, 일반 언어학을 강의했다.

그중에서 1907년부터 1911년까지 세 차례에 걸쳐 행한 '일반 언어학 강의'가 대단한 반향을 일으켰다. 그 강의는 그때까지 언어학을 지배하고 있던 낭만주의, 역사주의, 실증주의를 극복하고 언어학에 구조주의의 씨앗을 뿌리는 것이었다. 이 강의에 의해 언어학의 역사주의와 실증주의는 완전히 몰락하고 말았다. 소쉬르의 제자들인 알베르 세시에와 샤를 바이는 스승이 죽은 후에 이 세 차례의 강의 내용을 모아 《일반 언어학 강의(Cours de Linguistique Générale)》를 출판했다.

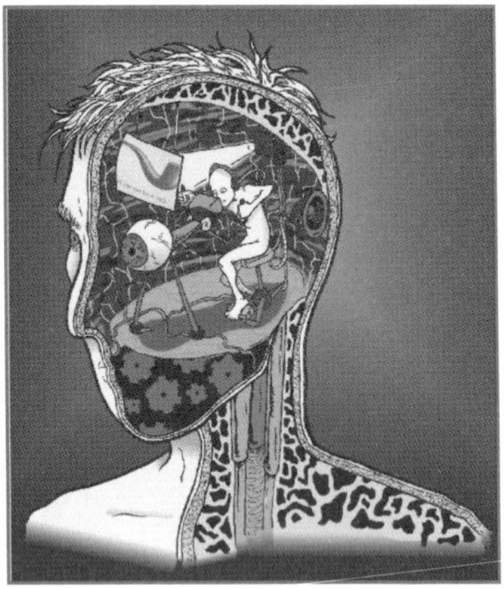

현대 언어학의 시작이자 구조주의 시대를 연 소쉬르

나는 축구를 좋아한다

소쉬르의 근본정신은 《일반 언어학 강의》의 맨 마지막 문장에 요약되어 있다.

언어학의 유일하고도 진정한 대상은 언어인데, 언어는 그 자체로서, 그것만을 위하여 고찰되어야 한다.

너무나 유명한 이 문장은 당시 언어학계에서 혁명이었다. 당시 언어학계는 역사주의의 지배를 받고 있었다. 역사주의는 언어에 영향을 미치는 여러 요소들에 대한 연구를 주로 했다. 즉 언어생활에 영향을 미치는 사회, 문화, 제도 등을 주로 연구했다. 그러므로 역사주의자들은 언어학을 언어사로 환원시켜버렸다.

소쉬르는 역사주의적 방법을 비판하고 언어를 그 자체로서, 즉 언어가 내적으로 갖고 있는 고유한 질서와 구조를 연구해야 한다고 주장했다. 소쉬르는 언어 외적인 현상을 연구하지 않고도 언어를 완전히 이해할 수 있다고 말한다.

소쉬르는 《일반 언어학 강의》를 통해 뒷날 과학적 언어학의 방법론적 기점이 되는 대립 쌍들의 개념을 확립한다. '랑그(langue)'와 '파롤(parole)', '기표(시니피앙signifiant)'와 '기의(시니피에signifier)', '공시'과 '통시' 등이 그것이다. 사실 소쉬르의 개념들은 모두 연결되어 있다. 각각의 개념들은 서로를 보완해주고 지탱해준다.

소쉬르의 언어학을 이해하려면 먼저 넘어야 할 개념이 랑그와 파롤이다. 랑그는 언어체계를 의미하고 파롤은 그 체계 속의 언어 사용을 의미한다. 소쉬르 자신의 말을 빌리면 랑그는 "수많은 경험을 통해 뇌 속에 자리 잡은" 집단적인 형태이며, 파롤은 "개인적이며 순간적인" "개별적 경우의 총합"이다.

'나는 축구를 좋아한다'라는 문장을 예로 들어보자. 이 문장을 '나는 좋아한다 축구'로 바꾸면 그 뜻이 바로 들어오지 않는다. 이처럼 우리말은 '주어, 목적어, 서술어'의 어순을 갖는다. 이 어순을 언어의 규칙이라고 한다. 의사소통을 하기 위해서는 말하는 사람이나 듣는 사람이 공통적으로 가지고 있는 언어의 규칙이 전제되어야 한다. 이 언어의 규칙은 개인이 임의적으로 변경하거나 설정할 수 없는 사회적 규약 같은 것이다. 이렇듯 의사소통을 가능하게 하는 언어 규칙의 총체가 '랑그'이고, 그 규칙에 의해 이루어지는 의사소통 행위가 '파롤'이다. 소쉬르는 다음과 같이 말한다.

랑그는 언어활동 현상의 잡다한 총체 속에 분명히 정의된 하나의 대상이다. 랑그는 청각 영상이 개념과 결합하는 순환의 특정 부위에 위치할 수 있다. 랑그는 언어활동의 사회적 부분이며, 개인의 외부에 있으므로 개인 혼자서는 창조할 수도, 변화시킬 수도 없다. 랑그는 파롤과 뚜렷이 구별되므로 떼어서 연구할 수 있는 대상이다. 우리는 이미 죽은 언어는 사용하지 않으나 그 언어 구조는 아주 잘 습득할 수 있다. 언어학은 언어활동의 기타 요소가 필요 없을 뿐만 아니라 기타 요소들과 섞이지 않아야 존재할 수 있다.

이게 왜 이런 의미지

다음으로 넘어야 할 개념은 '기표'와 '기의'다. 소쉬르는 언어현상을 해명하기 위해 기호학적 관점을 도입한다. 사실 우리는 기호 속에서 살고 있다. 예를 들면 적색등이나 녹색등 같은 신호등이 넓은 의미에서 보면 기호에 해당한다. 그 기호에는 두 가지 층위가 있다. 보고 듣는 층위와 뜻을 이해하는 층위다. 녹색등이 켜지면 길을 건너가고 적색등이 켜지면 정지한다. 이때 우리 눈에 보이는 녹색과 적색이 기표이고, 그 색깔이 나타내는 의미, 즉 건너가라는 의미와 정지하라는 의미가 기의다.

그러면 기표와 기의의 관계는 무엇인가? 그 관계는 사회마다 다르다. 예를 들어 우리는 최고를 표시할 때 엄지손가락을 들어 올린다. 그러나 다른 사회에서는 엄지손가락을 들어 올리는 행위가 욕이 될 수도 있다. 사회마다 기표(엄지손가락을 들어 올리는 행위)에 대한 기의(최고의 의미 혹은 욕설)가 다르기 때문이다.

여기에서 다시 한 번 생각해보자. 최고라는 의미를 표현할 때 꼭 엄지손가락을 들어 보여야 할까? 고개를 들어 하늘을 바라볼 수도 있고 가운뎃손가락을 세울 수도 있다. 하늘을 바라보는 행위 혹은 가운뎃손가락을 세우는 행위가 그 사회에서 최고를 의미할 수도 있기 때문이다. 이렇듯 행위와 의미 사이의 관계는 사회마다 다르다.

행위와 의미 사이의 관계는 언어에도 해당된다. 나무를 나타내기 위해 한국 사람은 '나무'라고 하지만 미국 사람은 '트리(tree)'라고 한다. 그러므로 기표와 기의의 관계는 내적 필연성을 갖지 않는다. 즉 나무라는 말이나 트리라는 말은 나무의 특성을 나타내는 것이 아니라 그렇게 말하기로 사회적으로 약속해놓은 것에 불과하다. 소쉬르는 이를 가리켜 '언어 기호의 자의성'이라고 부른다. 소쉬르는 다음과 같이 말한다.

> 기호의 자의성이라는 원칙은 이론의 여지가 없다. 사실상 한 사회에 채택된 표현 수단 전반은 원칙적으로 집단적 습관에 토대를 두고 있다. 즉 같은 말이 되겠지만 일종의 규약에 의존한다. 가령 일종의 자연적인 표현성을 가진 예절 기호들(황제 앞에서 아홉 번씩 땅에 무릎을 꿇는 중국인들처럼) 역시 어떤 규칙에 의해 정립되어 있는 것이다. 이러한 기호들을 사용하도록 강요하는 것은 바로 그 규칙이지, 기호들에 내재하는 가치가 아니다.

소쉬르 언어학의 또 다른 중요한 개념은 공시와 통시다. 공시와 통시는 시간의 흐름과 연관된다. 소쉬르에 의하면 일정 시기에 하나의 언어 공동체 내에서 그 구성원 사이에 의사소통의 도구로서 기능하고 있는 언어 현상은 '공시적'이다. 그리고 그 언어가 시간의 축을 따라 변화하는 현상은 '통시적'이다. 그러므로 '공시적'이란 일정 시점에 사용하는 언어를 가리키고 '통시적'이란 언어의 변천을 가리킨다.

소쉬르는 공시와 통시의 구분을 통해 당시 풍미하고 있던 역사주의적 방법을 비판하고 공시적 관점의 우위성을 갈파함으로써 언어체계의 분석으로서 언어학의 기초를 놓았다. 소쉬르의 다음과 같은 말은 이런 사정을 보여준다.

> 통시적 차원과 공시적 차원의 대립은 모든 점에 있어서 현저히 드러난다. 가령 공시와 통시는 그 중요성이 같지 않다. 공시적인 면이 통시적인 면보다 우월한데, 그 까닭은 말하는 대중에 있어 공시적 면이야말로 진정으로 유일한 현실이기 때문이다. 언어학자에게도 마찬가지다. 만약 언어학자가 통시적 관점에 서게 되면 그 언어학자가 보는 것은 이미 언어가 아니라 언어를 변경시키는 일련의 사건이다.

소쉬르는 랑그와 파롤, 기표와 기의, 공시와 통시 등의 개념으로 언어의 내적 구조를 파악했다. 소쉬르처럼 내적 구조를 파악하려는 시도는 언어학을 넘어 인문 사회과학의 전 분야로 확대되었다. 그리하여 20세기 인문 사회과학 전 분야를 관통하는 구조주의로 나아가게 되었던 것이다.

소쉬르는 유추에 의한 변화로 새로운 언어가 생겨난다고 했다. 미국의 정치학자인 한나 아렌트(Hannah Arendt)는 별들의 회전과 순환운동을 나타내던 말인 '혁명'이 불가항력성을 가진 말로 변화했다고 했다. 두 사람의 글을 읽고 언어의 변화에 대해 생각해 보자.

◆ ◆ ◆

언어는 체계다. 언어는 자신의 체계에 저항하는 불규칙적인 요소들을 효과적으로 다룰 수 있는 능력을 가지고 있다. 유추는 언어체계가 갖추고 있는 자기 조절 능력을 보여주는 사례다. 모든 유추현상은 배역이 셋 등장하는 일종의 드라마다. 먼저 'honōs'와 같이 합법적으로 계승된 한 형태가 무대에 등장한다. 뒤이어 이 형태와 경합을 벌이는 'honor'와 함께 그를 돕는 조연 배우들인 'honōrem', 'ōrātor', 'ōrātōrem' 등이 등장한다. 유추에 의한 변화가 발생하기 전에 'honōs'는 'honōrem'과 함께 짝을 이루고 있었다. 그러던 어느 날 이 'honōs'의 자리를 'honor'가 차지하고 들어선 것이다. 사람들은 종종 'honōs'가 'honor'로 변했다고 생각한다. 그런데 사실 'honōs'는 'honor'의 출현과 아무런 관련이 없다. 'honor'는 'ōrātōrem : ōrātor'란 격(格) 변화 공식을 모델로 출현한 것이다. 이 모델에 의해 'honōrem : honor'가 언어 공동체에 의해 승인을 받은 것이다. …… 따라서 'honor'는 우연히 생긴 것이 아니라 한 언어의 체계가 새롭게 마련해준 공식에 의해 출현한 것이다. 한동안 'honōs'가 'honor'와 함께 사용된다. 하지만 언어의 체계로부터 소외된 'honōs'는 차츰 무대에서 사라진다. 유추는 이처럼 불규칙적인 현상으로 고립된 낡은 요소를 언어의 체계에 잘 적응한 새로운 요소로 대체하는 조절 기능을 수행한다.

– 소쉬르, 《일반 언어학 강의》 중에서

◆ ◆ ◆

'혁명(revolution)'은 정변(政變), 내란, 소요, 반란 등과 달리 자유를 확립하려는 정치 변동으로서 근대 이전에는 존재하지 않았다. 혁명은 구(舊)질서를 종식시키고 새로운 세계의 탄생을 촉진하는 사건이다. 원래 혁명이란 말은 '천체 궤도의 운행'이라는, 코페르니쿠스가 사용한 천문학 용어였다. 별들의 회전운동은 인간의 영향력을 벗어난 거역할 수 없는 것으로 인식되었기 때문에 새로움이나 격렬함이라는 특징과 거리가 먼 규칙적이고 합법칙적인 것을 의미했다. 이 용어는 반복성과 순환성을 함의하고 있다. 이 용어를 지구상의 인간사에 사용한다면 하늘의 별들이 정해진 궤도에 따라 운행하는 것과 마찬가지로, 몇 가지의 정부 형태가 인간들 사이에서 반복적으로 순환할 수밖에 없다는 사실을 의미할 뿐이다. …… 루이 16세는 1789년 7월 14일 밤 바스티유 감옥이 함락되었다는 소식을 라 로슈푸코 공작으로부터 들었다. 왕이 "이것은 반란이 아닌가?"라고 외치자 라 로슈푸코는 "아닙니다. 이것은 혁명입니다"라고 말했다. 여기서 강조점은 회전하는 순환운동의 합법칙성에서 불가항력성으로 완전히 옮겨간 것 같다. 혁명이란 여전히 '별들의 운행'이란 이미지 안에 머물고 있지만 여기서 강조되는 것은 그 움직임을 중단시키는 것이 인간의 능력을 벗어난다는 것이다. 바스티유의 소요가 반란이라고 선언했을 때 왕은 권위에 대한 도전과 음모를 임의로 처리할 권력과 다양한 수단을 요구했다. 이때 라 로슈푸코는 이미 일어난 것은 취소할 수 없으며 왕의 권능을 벗어나는 일이라고 답한 것이다.

– 아렌트, 《혁명론(On Revolution)》 중에서

◆ ◆ ◆

23

사랑으로 하나가 되자

샤르댕 《인간현상》

서울대 사상고전 100선에 선정된 핵심 포인트

고생물학자인 동시에 가톨릭 신부이기도 한 저자는 우주론적, 진화론적 배경 아래 하나의 현상으로서의 인간을 대단히 포괄적으로 서술하고 있다. 이 책 속에는 물질세계와 정신세계, 과거와 미래 그리고 다양성과 단일성이라고 하는 3중 종합이 이루어지고 있다. 20세기 전반기에 집필된 이 책은 종합적인 세계관을 모색해야 할 필요가 절실하게 느껴지는 오늘날에 이르러 더욱 많은 감흥과 새로운 직관을 제공해준다.

– 장회익 서울대학교 명예교수

들것 운반병이 된 신부

1929년 12월 2일 중국 베이징 외곽 저우커우뎬의 용골산 산림. 어디선가 큰 외침이 들려왔다.

"찾았다!"

순간 주변에 있던 모든 사람들이 몰려들었다. 그곳에는 중국의 고고학자 페이원중(裵文中)이 기쁨에 넘쳐 소리를 지르고 있었다. 고생인류로 알려진 베이징원인의 두개골 화석을 발견하는 역사적 순간이었다. 베이징원인의 유적지를 발굴하기 시작한 지 10년 만의 쾌거였다. 베이징원인의 유적지를 발굴하는 작업은 1918년에 당시 베이징 대학교의 교수였던 스웨덴의 지질학자 안데르센에 의해 시작되었다. 이후 오스트리아, 캐나다 등의 학자들이 참여하면서 고생인류의 치아 화석, 수많은 포유류의 화석 등을 발견하는 성과를 냈지만 고생인류의 두개골 화석은 발견하지 못한 상태였다.

베이징원인의 유적지 발굴 현장에는 신부가 한 사람 끼어 있었다. 바로 프랑스인 신부 샤르댕(Pierre Teihard de Chardin, 1881~1955)이었다. 샤르댕은 1923년부터 발굴 현장에 참여하고 있었다. 왜 신부인 샤르댕이 고고학적 발굴 현장에 참여했던 것일까?

샤르댕은 프랑스 오르베뉴에서 부농의 아들로 태어났다. 열여덟 살 때 엑상프로방스에서 예수회 수련 수사가 되고, 스물네 살 때 이집트 카이로에 있는 예수회 콜레주에서 3년간 교수 생활을 하다가 서른한 살 때 신부 서품을 받았다. 제1차 세계대전 때는 들것 운반병으로 자원 입대하여 전투 훈장과 레지옹 도뇌르 훈장을 받기도 했다.

샤르댕은 어렸을 때부터 지질학과 고생물학에 관심을 가졌다. 열 살 때부터 예수회의 몽그레 콜레주에서 공부하면서 정규 과목 이외에 지질학과 고생물학 연구에 몰두하여 몇 차례 현장 답사를 하기도 했다. 파리 박물관의 고생물학 연구실에서 선사학(先史學)의 권위자인 마르셀 랑불루의 지도를 받았고 1920년부터 파리의 가톨릭 학원에서 지질학과 고생물학을 강의하기 시작하여 마흔두 살 때인 1922년에 교수가 되었다.

샤르댕은 가톨릭 학원 교수가 된 다음 해인 1923년에 중국으로 파견 근무를 나가게 되었다. 그때 처음으로 중국과 몽골에서 고고학적 발굴 작업에 참여한 이후 고비사막, 중앙아시아, 인도, 미얀마, 자바, 아프리카 등 전 세계를 돌며 고고학적 발굴 작업에 참여했다. 만년에도 두 차례에 걸쳐 남아프리카에서 발굴 작업을 하는 등 현장을 떠나지 않았다. 샤르댕은 오랫동안의 탐사 성과를 토대로 논문과 저서를 발표했는데, 특히 동아시아의 구석기 문화와 지질을 유럽에 소개하는 데 기여했다. 1915년에는 프랑스의 과학아카데미 회원에 추대되었다. 《인간현상(Phénoméne humain)》은 1938년에 원고가 완성되었지만 출판된 것은 샤르댕이 죽은 직후인 1955년이었다. 출판이 지연된 이유는 기독교 교리와 충돌할 것을 걱정한 탓이었던 것으로 보인다. 실제로 1962년에 로마 교황청은《인간현상》에 대해 경고를 하기도 했다.

진화론을 받아들이다

왜 로마 교황청은《인간현상》에 대해 경고한 것일까? 샤르댕은 신부이자 과학자다. 이 두 직업은 종종 충돌을 일으킨다. 그 대표적 사례가 진화론이다. 기독교는 창조론을 내세우며 진화론을 배격한다. 얼마 전에 우리나라 기독교계 일부가 교과서에 실린 시조새와 말발굽 화석의 사진을 삭제해달라고 요청한 일이 있었다. 두 사진은 진화의 증거로 제시된 것이었다. 이렇듯 기독교에서는 여전히 진화론에 대한 공격을 늦추지 않고 있다. 왜냐하면 창조론은 기독교의 기본 교리에 해당하기 때문이다.

그런데 신부인 샤르댕은 진화론을 전폭적으로 받아들였다. 샤르댕은 수많은 현장에서 수많은 유물을 발굴했다. 이 움직일 수 없는 증거를 보며 샤르댕은 자연스럽게 진화론을 받아들이게 되었다. 그래서 진화에 대해 '돌이킬 수 없는 일'이라고 했다.

그러나 샤르댕은 다윈의 진화론을 그대로 받아들이지 않는다. 샤르댕은 다윈의 진화론이 자연선택이라는 임의의 메커니즘을 주장하는 것이라고 생각했다. 반면에 샤르댕은 진화가 분명한 목적과 목표를 향해 일어난다고 보았다. 특히 진화론의 목표가 '사유하는 존재', 즉 인간의 출현을 과학적으로 설명하는 것이어야 한다고 주장했다.

《인간현상》은 샤르댕 나름의 진화론이 담겨 있는 책이다. 따라서 로마 교황청은 신부가 쓴 이 책을 용납할 수 없었던 것이다. 샤르댕은 자신이 하려는 작업의 핵심을 이렇게 밝혔다.

> 해부학의 입장에서 보면 인간은 유인원과 크게 다르지 않다. …… 형태학적으로 보면 인간의 출현은 아주 작은 비약에 불과하다. 그러나 인간의 출현으로 생명의 영역에 이루 말할 수 없는 동요가 일어났다. …… 과학은 우주의 기본 요소, 아니 더 적합하게 말하면 우주 전체를 잊고 있음이 분명하다.

과학이 잊고 있다는 우주 전체는 바로 인간을 가리킨다. 샤르댕이 보기에 인간은 우주의 기본 요소이자 우주의 중심이다. 따라서 인간은 다른 동물과 완전히 다른 존재다. 그러나 기존 과학은 인간을 온전하게 설명하지 못하고 있다. 생물학이 물리학의 분자 이론의 도움을 받아 인간에 대한 탐구를 했지만 인간의 육체적 구조를 밝힌 정도에 불과하다. 인간을 해부해서 살펴보아도 원숭이와 같은 유인원과 큰 차이가 없다. 인간의 출현을 제대로 설명하지 못하기는 다윈의 진화론도 마찬가지다.

다윈의 진화론에 따르면 인간의 출현은 유인원으로부터 약간의 비약을 한 것에 불과하다. 그래서 샤르댕은 인간을 우주의 중심으로서 온전하게 설명할 수 있는 새로운 진화론을 제시하고자 했다.

그러면 인간은 다른 동물과 무엇이 다른가? 샤르댕은 인간이 다른 동물과 완전히 다른 이유를 '생각하는 존재'에서 찾았다. 그래서 샤르댕은 인간의 정신이 어떻게 진화했는지를 설명하고자 했다. 샤르댕은 물질과 정신을 서로 배척하는 것이 아니라 동일한 실재의 두 극점으로 보았다. 샤르댕이 보기에 정신은 물질에서 발전해온 것이다. 이런 독특한 주장을 설명하기 위해 샤르댕은 우주 전체의 진화 과정이란 개념을 내세웠다. 즉 인간의 정신은 우주의 구조적 요소로서 우주의 진화 과정에서 발전해왔다는 것이다. 그래서 샤르댕은 인간을 '우주적 현상'이라고 말한다. 책 제목이 '인간현상'인 이유가 여기에 있다.

진화의 목적지는 오메가 포인트

샤르댕의 주장을 이해하려면 그의 물질관을 알아야 한다. 물질은 우주의 최소 단위다. 샤르댕에 따르면 물질에는 내면과 외면이 있다. 물질의 내면은 극미하지만 존재하는 정신이다. 물질의 외면은 그 정신을 감싸고 있는 딱딱한 껍데기다. 예를 들어 돌은 딱딱한 껍데기와 정신으로 이루어진 물질이다. 샤르댕이 물질 속에 극미하지만 정신이 존재한다고 주장하는 이유는 간단하다. 진화의 시발점인 물질에 정신이 없다면 인간의 정신이 출현한 사실을 설명할 수 없기 때문이다. 인간의 정신은 물질의 극미한 정신에서 발전해온 것이다.

진화의 시작은 우주 물질의 자기 전개다. 우주의 진화가 시작되고 수십억 년의 세월이 흐른 뒤 마침내 진화의 첫 번째 결정적 시점인 임계점에 다다른다. 그 임계점에 이르자 갑자기 생명이 출현했다. 물질에서 생명으로의 변화가 일어난 것이다. 샤르댕은 이 변화를 물이 끓는 것에 비유했다. 물을 끓이면 어느 시점에 수증기가 된다. 액체가 기체로 바뀌는 것이다. 이 바뀌는 시점이 임계점이고 이 임계점에서 근본적인 변화가 일어나는 것이다.

다음으로 수백만 년에 걸친 생명의 진화가 일어난다. 그리고 생명의 진화가 또 한 차례의 임계점에 도달한다. 샤르댕이 볼 때 이번의 임계점은 참으로 결정적인 것이다. 왜냐하면 이 임계점에서 인간의 출현이라는 놀라운 사건이 일어났기 때문이다. 해부학과 동물학의 입장에서 보면 인간의 출현은 진화의 역사에서 별로 놀랄 만한 사건이 아니다. 오히려 물에서 살던 동물이 육지로 옮겨온 것이 더욱 충격적인 사건일 것이다. 그러나 샤르댕은 인간의 출현을 근본적인 변화로 보았다. 인간의 출현은 '본능에서 정신으로의 일순간의 도약'이었다. 샤르댕은 인간의 출현이 곧 자아의식의 출현이라고 생각했다. 인간의 출현은 동물의 상태에서 자아의식으로 도약하는 본질적인 변화를 의미한다. 샤르댕은 그 변화를 가리켜 "영(0)에서 전체로의 이동"이라고 표현했다. 샤르댕은 인간이 우주 진화의 유일한 모델이자 목표라고 생각했다. 따라서 인간의 출현은 지구의 생성에서 생물의 발생을 거쳐 정신의 발생으로 이어지는 진화 과정이 종착역에 다다랐음을 의미한다.

그러면 여기에서 진화는 끝났는가? 샤르댕은 앞으로 동식물의 세계에서 다양한 종들이 출현한다 해도 큰 의미가 없다고 주장한다. 오로지 의미 있는 진화는 인간 정신의 발전에서만 일어난다. 더 복잡한 정신을 향한 진화만이 있을 뿐이다. 정신적 진화의 목적지는 어디인가. 샤르댕은 정신적 진화의 최종 목표점을 오메가 포인트라고 했다. 오메가 포인트란 인간이 신과 합일을 이루는 상태를 말한다.

샤르댕은 인간의 정신이 오메가 포인트로 진화해가도록 해주는 에너지를 사랑이라고 말한다. 사랑을 통해 인류가 하나가 됨으로써 인간은 오메가 포인트에 도달할 수 있다는 것이다. 그러므로 진화가 계속 진행될 것인가의 여부는 오로지 인간이 사랑을 얼마나 증대시킬 수 있느냐에 달려 있다.

샤르댕은 진화의 최종 목적지를 신과의 합일로 설정함으로써 진화론과 기독교 교리의 조화를 추구했다. 시대적으로 보면 샤르댕은 1, 2차 세계대전 사이에 나타난 인간 존재의 불안감을 인류가 사랑으로 하나가 됨으로써 넘어서자고 말하려 했던 것이다.

샤르댕은 인간이 특별한 존재라고 말했다. 인간은 우주 전체에 해당하는 존재라는 것이다. 따라서 샤르댕은 인간 중심주의적 사고를 한다고 할 것이다. 반면에 미국의 철학자 톰 레이건(Tom Regan)은 동물도 인간과 같은 본래적 가치를 가진 존재라면서 인간 중심적 사고를 거부한다. 두 사람의 글을 읽고 인간 중심주의의 문제점을 생각해보자.

◆ ◆ ◆

해부학의 입장에서 보면 인간은 유인원과 크게 다르지 않다. …… 형태학적으로 보면 인간의 출현은 아주 작은 비약에 불과하다. 그러나 인간의 출현으로 생명의 영역에 이루 말할 수 없는 동요가 일어났다. …… 과학은 우주의 기본 요소, 아니 더 적합하게 말하면 우주 전체를 잊고 있음이 분명하다.

– 샤르댕, 《인간현상》 중에서

◆ ◆ ◆

나는 동물의 권리를 옹호하는 사람이다. 권리를 인간에게만 한정시키는 것은 합리적이지 않다. 물론 동물은 인간이 가진 능력을 결여하고 있다. 동물은 읽을 줄 모르고 수학을 할 줄 모르며 책장을 짤 줄도 모른다. 그러나 인간 중에도 그런 것을 할 줄 모르는 사람들이 많다. 그렇다고 해서 우리는 그들이 존재의 본래적 가치와 존중받을 권리를 다른 사람보다 덜 갖는다고 말하지 않는다. 또 그렇게 말해서도 안 된다. 여기서 중요한 것은 인간 사이의 차이가 아니라 유사성이다. …… 이것은 동물에 대해서도 동일하게 성립한다. 동물도 삶의 경험적 주체로서 고유한 본래적 가치를 지니는 존재로 받아들여야 한다. 동물이 본래적 가치를 갖는다는 생각을 거부하는 사람들이 있다. "인간만이 그런 가치를 갖는다"고 그들은 말한다. 과연 오직 인간만이 자율성, 이성 혹은 지성을 갖는다고 말해야 하는가? 이것들을 결여한 인간도 많음에도 우리는 그들이 본래적 가치를 지니는 존재라고 생각한다. …… 마찬가지로 삶의 경험적 주체로서 동물도 본래적 가치를 갖는다는 사실을 받아들여야 한다. 본래적 가치를 지니는 존재는 인간이건 동물이건 모두 동일한 정도의 가치를 지닌다. 이성은 동물도 동일한 본래적 가치와 존중받을 권리를 가진다는 것을 받아들이도록 요구한다.

– 레이건, 《동물권리 옹호론(Animal Rights)》 중에서

24

과학은 부분인가, 전체인가

하이젠베르크 《부분과 전체》

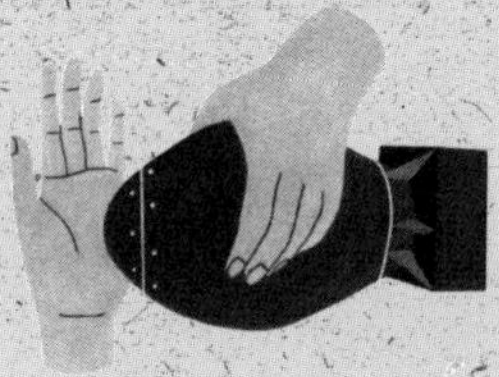

서울대 사상고전 100선에 선정된 핵심 포인트

현대 양자역학 수립의 한 주역을 담당했던 저자가 학문을 해나온 과정에서 겪었던 여러 사람들과의 대화와 토론의 과정들을 재현해내면서 창조적 학문 형성 과정이 어떻게 이루어지고 있는가를 보여주는 책이다. 특히 양자 이론은 과학에 대한 종래의 관념만으로는 이해할 수 없는 깊은 인식론적 함의를 지닌 이론이어서 이 책을 통해 혁명적 과학의 창조 과정뿐 아니라 양자역학을 둘러싼 철학적 논란의 핵심을 접해볼 수 있다.

– 장회익 서울대학교 명예교수

약관의 나이에 세상을 놀라게 하다

1895년 11월 27일 다이너마이트 발명으로 거부가 된 노벨은 자신의 재산 3100만 크로나를 스웨덴 왕립아카데미에 기탁한다. 노벨은 자신의 유산을 "인류의 복지에 가장 구체적으로 공헌한 사람들에게 나누어 수여하라"는 유언을 남겼다. 노벨은 자신의 발명품이 참혹한 전쟁을 일으키리라고는 생각하지 않았을 것이다. 그러나 참혹한 전쟁은 현실이 되었다. 발명은 부분이다. 그러나 그 발명이 세계에 미치는 영향은 전체다. 전체와 부분 사이에서 고민하며 삶의 균형을 찾고자 했던 과학자가 바로 하이젠베르크(Werner Karl Heisenberg, 1901~1976)다.

하이젠베르크는 "사람이 항상 커다란 드라마 속의 관객이면서도 공연자"라고 말한다. 공연자는 자신의 대사와 동작에 몰입한다. 그러나 드라마는 한 공연자가 끌고 가는 것이 아니다. 드라마 전체를 보는 사람은 관객이다. 공연자이면서 관객이어야 부분과 전체를 동시에 생각할 수 있다.

하이젠베르크는 제2차 세계대전이 발발했을 때 다른 저명한 학자들과 달리 독일을 떠나 미국으로 가지 않았다. 독일은 하이젠베르크가 있었기 때문에 원자폭탄을 충분히 개발할 수 있었다. 그러나 원자폭탄 개발을 막은 하이젠베르크가 있었기 때문에 독일은 원자폭탄을 개발하지 못했다. 과학의 발달이라는 '부분'만 생각했다면 원자폭탄을 개발했을 것이다. 그러나 하이젠베르크는 부분과 함께 '전체'를 생각했다.

하이젠베르크는 독일의 뷔르츠부르크에서 태어났다. 대학에서 처음에는 수학에 뜻을 두었으나 수학 교수와 뜻이 맞지 않아 이론물리학을 전공하게 되었다. 하이젠베르크는 스물일곱 살이던 1927년에 '불확정성의 원리'를 내놓아 세상을 깜짝 놀라게 했다. 불확정성의 원리란 전자와 같이 미세한 입자의 경우 그 위치와 속도를 동시에 정확하게 측정할 수 없다는 원리다. 입자의 위치를 측정하다 보면 그 속도를 측정할 수 없고 속도를 측정하다 보면 그 위치를 측정할 수 없다고 한다. 하이젠베르크는 불확정성의 원리를 발견한 공로를 인정받아 서른두 살 때인 1932년에 노벨 물리학상을 수상했다.

하이젠베르크는 제2차 세계대전 중 원자폭탄에 대한 우려로 연구를 소규모 원자로에 국한시켰다. 또한 1957년 4월 12일에 독일 핵물리학자 18명이 서명·발표한 핵병기 보유 반대 선언인 '괴팅겐 선언'을 주도했다. 이들 서명자들은 "누구도 원자력 무기의 제조, 실험, 배치에 어떤 방법으로도 참여하지 않겠다"고 발표했다.

1969년에 발간된 《부분과 전체(Der Teil und das Ganze)》는 1920년대 초부터 1960년대 말까지 50년 가까운 세월에 걸친 원자물리학과 관련한 이야기다. 그러나 내용이 물리학에만 국한되지 않는다. 또한 물리학의 전문적 내용을 담은 책이 아니라 학생, 동료 교수 등과의 대화나 토론

내용을 기술하여 물리학에 문외한인 사람도 쉽게 읽을 수 있다.

과학과 정치의 관계는?

《부분과 전체》를 쓴 의도에 대해 하이젠베르크는 다음과 같이 말했다.

> 현대 원자물리학이 철학적이고 윤리적이며 정치적인 문제까지 새로운 문제점을 던지고 있다는 사실을 간과할 수 없다. 이렇게 새로이 제기되는 문제점에 대해 가능한 한, 넓은 범위의 사람들이 토론에 참여해 주기를 바란다.

하이젠베르크가 밝힌 대로 《부분과 전체》에서 현대 물리학의 탄생과 발전의 역사는 물론 과학과 정치, 과학과 종교, 과학과 철학 등의 관계에 대해서도 광범위하게 다루었다. 하이젠베르크는 책의 앞부분에서 과학과 정치의 관계를 다루었다. 1922년 여름 그는 아인슈타인의 강연장에 들어서다가 빨간색 인쇄물을 받게 되었다. 그 인쇄물에는 아인슈타인의 이론이 '유대인 신문에 의해 부당하게 과대평가된 아주 불확실한 사고에 불과하다'고 쓰여 있었다. 하이젠베르크는 학회에 곧잘 나타나는 미치광이의 소행이라고 생각했다가 나중에 이름이 좀 알려진 학자의 소행이란 것을 알고 깜짝 놀란다. 그래서 하이젠베르크는 과학이 결코 정치적 싸움에서 완전히 떨어져 있을 수 없다는 사실을 깨닫게 되었다.

사실 정치에 의한 과학의 악용은 정권의 성격에 달린 문제이기도 하다. 1939년 독일에 남아 있던 하이젠베르크는 우라늄 클럽에 징집되었다. 이 클럽은 원자폭탄의 개발 가능성을 연구하는 곳이었다. 1941년에 우라늄 클럽은 원자폭탄 제조가 가능하지만 연구 개발비가 너무 많이 든다는 내용의 보고서를 정부에 제출했다. 물론 학자들은 연구 개발비를 이유로 독일 정부가 원자폭탄 개발을 포기할 것을 기대했다. 다행히도 정부는 비용 문제로 계획을 포기했다. 만약 히틀러 정권이 이 계획을 그대로 밀고 나가 원자폭탄을 보유하게 되었다면 제2차 세계대전의 양상은 달라질 수밖에 없었을 것이다.

독일은 재정적 문제로 원자폭탄 개발을 포기했지만 미국은 개발에 성공하여 일본에 두 발의 원자폭탄을 사용했다. 이 소식을 들은 하이젠베르크는 "나는 25년이라는 긴 세월 동안 우리가 심혈을 기울여온 원자물리학의 발전이 지금 10만 명을 훨씬 넘는 인간의 죽음에 원인이 될 수밖에 없었다는 엄연한 사실과 직면하지 않을 수 없었다"고 회고했다.

원자폭탄 투하를 두고 원자폭탄 개발에 직간접적으로 관계했던 학자들 사이에 논란이 일어났다. 과학기술의 발전이 미치는 영향, 과학자의 책임 등에 관한 논란이었다. 하이젠베르크는 다음과 같이 말한다.

우리는 확실히 다음과 같은 사실을 알게 되었다. 과학적, 기술적 진보에 기여할 것을 일생의 과제로 세운 개인이라 할지라도 그 과제만을 생각하는 것으로는 충분치 않다는 사실이다. 과학적, 기술적 진보 과정에 참여할 때는 그 진보에 따른 문제에 대한 해결책까지도 진보의 한 부분으로 간주하고 찾아야 한다. 이런 것들을 동시에 고려한다면 개인은 정당한 결론을 어렵지 않게 내릴 수 있을 것이라고 생각한다.

하이젠베르크의 말은 과학자 개인의 태도에 관한 것일 뿐이다. 여전히 과학과 정치의 관계가 어떠해야 하는가에 대한 의문은 남는다.

과학과 종교의 관계는?

과학과 관련한 또 다른 논란은 과학과 종교의 관계다. 1927년 10월 24일에 열린 제5차 솔베이 회의에서 이 문제에 관한 논란이 벌어졌다. 아인슈타인은 입버릇처럼 "사랑하는 하느님은 미래를 결정하기 위해서 주사위를 던지지 않는다"라고 했다. 이 말은 과학의 세계에 불확실성은 없다는 것을 강조하는 말이었다.

그런데 회의에 참여한 젊은 학자들이 과학자는 종교적인 전통에 강한 유대를 갖는 것을 상상하기 힘들다고 문제 제기를 했고 토론은 과학과 종교가 서로 조화를 이룰 수 있는가 하는 문제로 확대되었다. 하이젠베르크는 이렇게 말했다.

> 이 세상에는 항상 인간의 공동체가 존재할 것이다. 우리는 죽음과 삶, 그리고 공동체 안에서 형성되는 생활과 연결되는 연관성을 기술할 공통적인 언어를 발견해야 한다. 역사 속에서 발전된 정신적인 형태는 수세기에 걸쳐 많은 사람들이 그 형태에 따라 자기 생활을 해왔기 때문에 커다란 설득력을 가질 것이다. 따라서 그렇게 쉽게 종교가 폐지되지는 않을 것이다.

하이젠베르크의 말에는 과학과 종교가 서로 다른 영역이라는 생각이 들어 있다. 과학은 객관적인 물질세계를 다루기 때문에 옳고 그름이 문제가 된다. 따라서 과학은 합리적인 행동에 기반을 둔다. 반면에 종교는 가치의 세계를 다루기 때문에 선과 악이 문제가 되고, 따라서 윤리의 기반이 된다. 그래서 하이젠베르크는 과학과 종교의 충돌이 종교에서 말하는 상징과 비유를 과학적인 주장으로 해석할 때 생기는 오해로 인한 것이라고 말한다.

그러나 과학과 종교의 충돌은 단지 오해 때문에 일어난 것이 아니다. 예를 들어 창조론과 진화론의 충돌은 오해 때문이 아니라 과학과 종교가 자신의 존립 근거를 두고 다투면서 일어난 것이다. 창조론이 붕괴되면 신이 부정되고, 진화론이 붕괴되면 자연에 대한 과학적 탐구가 의미 없어진다. 과학과 종교의 대립과 갈등이 계속되어오면서 종교가 우세했던 시대에는 많은 과학자들이 박해를 받고 심지어 종교재판에 회부되어 화형을 당하기도 했다.

하이젠베르크는 과학과 철학의 관계와 관련하여 칸트주의자들과의 대화를 실었다. 칸트 철학은 인과율을 모든 경험의 전제라고 하는 반면 양자역학은 인과율을 문제 삼는다. 예를 들어 라듐 B의 경우 30분 후에는 대략 절반 정도가 변화를 일으키는데, 양자역학은 그 변화의 원인이 존재하지 않는다고 주장한다. 이에 대해 칸트주의자들은 원인을 밝히지 못하는 원자물리학은 오류를 범하는 것이라고 지적한다.

《부분과 전체》에서 과학과 정치, 과학과 종교, 과학과 철학의 관계에 관한 시원스러운 답을 얻지는 못한다. 그런데 왜 하이젠베르크는 이런 문제들을 다루었을까? 그것은 하이젠베르크가 책 제목을 '부분과 전체'라고 붙인 이유와 관련된다.

하이젠베르크는 과학이 지나치게 세분화되고 있음을 우려했다. 과학자들은 자신들의 전공 분야 이외에는 관심을 갖지 않게 되었다. 물론 물리학에만 국한된 현상이 아니다. 거의 모든 분야의 학문이 그런 상태다. 그래서 하이젠베르크는 자신의 전공 분야에만 머물지 말고 다 함께 정치적, 종교적, 철학적 문제에 대해 토론해보자고 제안했던 것이다.

하이젠베르크는 부분적인 것에 매몰되지 말고 전체적인 시야를 가져야 한다고 말했다. 다음의 글을 읽고 '옛것'에 대한 바람직한 태도가 무엇인지에 대해 생각해보자.

◆ ◆ ◆

가 : 당신의 견해에 따르면 옛것을 변화시키려는 시도는 잘못된 것이고, 이 세상에 새로운 일은 절대로 일어날 수 없을 것입니다. 그런데 당신은 어떻게 당신의 학문 분야에서 새로운 혁명적인 이론을 시작하실 수 있었습니까?

나 : 과학에서 혁명을 말할 때는 정확하게 살펴보는 것이 중요합니다. 예를 들어 플랑크의 양자 이론을 생각해봅시다. 플랑크는 처음부터 기존의 물리학을 변화시키려는 생각이 추호도 없었습니다. 다만 특정한 문제 해결에 집착했던 것입니다. 그는 열복사의 스펙트럼을 이해하고자 이전 물리학의 모든 법칙을 총동원했습니다. 그러나 몇 해가 지나자 이전의 것으로는 불가능하다는 사실을 알게 되었습니다. 그제야 비로소 이전의 물리학 테두리를 벗어나는 하나의 가설을 제안했던 것입니다. 그 후에도 그는 부가적 가설로써 옛 물리학의 벽에 자기가 뚫은 구멍을 막아보려고 노력했습니다. …… 그런데 고전적 개념으로 파악할 수 있는 물리학의 영역에서 변화한 것은 아무것도 없습니다. 과학에서는 사람들이 가능한 한, 적게 변화시키려고 노력할 때만 결실 있는 혁명이 일어날 수 있습니다. …… 나는 과학에서의 혁명을 인간 공

동생활에서의 혁명과 어떻게 비교해야 하는지 알지 못합니다. 그러나 역사적으로 보면 성공적인 혁명은 범위가 한정된 문제를 해결하기 위해 적게 변화시키려고 노력해야 가능하다고 생각합니다. ……

가: 당신은 어째서 그렇게까지 옛 형식에 집착하는 겁니까? 옛 형식들이 새 시대에는 적합하지 않은데도 타성에 의해 어쩔 수 없이 견지되고 있는 사례가 많지 않습니까? 예를 들면 교수들이 여전히 중세적인 가운을 걸치고 대학 행사에 나타나는 행위는 참으로 우스꽝스럽다고 생각합니다.

나: 그것이 꼭 옛 형식에 집착하는 것은 아니라고 생각합니다. 형식보다 내용이 중요합니다. 물리학과 비교해서 설명하면 이렇습니다. 옛날의 경험적 지식을 표현하는 고전 물리학의 공식들은 지금까지 옳았을 뿐만 아니라 앞으로도 올바를 것입니다. …… 그 이유는 현상세계에 변화가 없기 때문입니다. 교수들이 입는 가운은 국민의 계급적 신분을 표시하는 데서 유래했을 것입니다. 학식과 우수한 사고력을 지니고 어려운 문제에 대해 적절하게 조언해줄 수 있는 훌륭한 사람들이 사회에서 매우 중요하다는 경험에서 기인했을 것입니다. 가운은 이러한 생각을 반영하는 특수한 지위를 상징하는 것입니다. 오늘날에도 다를 바가 없습니다. 사람들이 가운을 고집하느냐, 아니면 현대적인 형식으로 하느냐는 중요한 문제가 아닙니다. 가운을 비판하는 사람들은 그 가운 속에 표현되어 있는 경험적인 내용까지 부정하고 싶어 하는 것이 아닌가 하고 의심이 갈 때도 있습니다. 그러나 비판을 한다고 사실 자체가 바뀌는 것은 아닙니다.

— 하이젠베르크, 《부분과 전체》 중에서

부록

황광우가 추천하는 동서양 고전 70선

1 《갈리아 원정기》, 카이사르 지음, 천병희 옮김, 숲.

2 《걸리버 여행기》, 스위프트 지음, 박용수 옮김, 문예출판사.

3 《경성 트로이카》, 안재성 지음, 사회평론.

4 《국가》, 플라톤 지음, 천병희 옮김, 숲.

5 《국부론》, 스미스 지음, 김수행 옮김, 비봉출판사.

6 《군주론》, 마키아벨리 지음, 권기돈 옮김, 웅진씽크빅.

7 《그래도 지구는 돈다》, 갈릴레이 지음, 이무현 옮김, 교우사.

8 《그리스 로마 신화》, 불핀치 지음, 손명현 옮김, 동서문화사.

9 《그리스 비극 걸작선》, 소포클레스 외 지음, 천병희 옮김, 숲.

10 《난중일기》, 이순신 지음, 송찬섭 옮김, 서해문집.

11 《노년에 관하여, 우정에 관하여》, 키케로 지음, 천병희 옮김, 숲.

12 《논어집주》, 성백효 지음, 전통문화연구회.

13 《니코마코스 윤리학》, 아리스토텔레스 지음, 천병희 옮김, 숲.
14 《도덕경》, 오강남 지음, 현암사.
15 《돈키호테》, 세르반테스 지음, 박철 옮김, 시공사.
16 《동방견문록》, 폴로 지음, 김호동 외 옮김, 사계절.
17 《두보 평전》, 한성무 지음, 김의정 옮김, 호미.
18 《레미제라블》, 위고 지음, 이형식 옮김, 펭귄클래식코리아.
19 《레즈:새롭게 읽는 공산당선언》, 황광우 · 장석준 지음, 실천문학사.
20 《로마제국 쇠망사》, 기번 지음, 김희용 외 옮김. 민음사.
21 《로빈슨 크루소》, 디포 지음, 남명성 옮김, 웅진씽크빅.
22 《맹자집주》, 성백효 지음, 전통문화연구회.
23 《반야심경/금강경/유마경/법화경》, 홍정식 지음, 동서문화사.
24 《부활》, 톨스토이 지음, 박형규 옮김, 민음사.
25 《불교성전》, 편집부 지음, 홍신문화사.
26 《비극의 탄생》, 니체 지음, 박찬국 옮김, 아카넷.
27 《사기열전》, 사마천 지음, 연변대학 고적연구소 옮김, 서해문집.
28 《사회정의론》, 롤스 지음, 황경식 옮김, 서광사.
29 《삼국사기》, 김부식 지음, 신호열 옮김, 동서문화사.
30 《삼국유사》, 일연 지음, 김원중 옮김, 민음사.
31 《상대성이론의 아름다움》, 가츠히코 지음, 봉영아 옮김, 비타민북.
32 《성경(Good News Bible)》, Good News Translation.
33 《성찰》, 데카르트 지음, 이현복 옮김, 문예출판사.
34 《소유냐 삶이냐》, 프롬 지음, 정성환 옮김, 홍신문화사.
35 《소크라테스의 변론, 크리톤, 파이돈, 향연》, 플라톤 지음, 천병희 옮김, 숲.
36 《시경선》, 김학주 지음, 명문당.

37 《신곡》, 단테 지음, 한형곤 옮김, 서해문집.
38 《아리랑》, 웨일즈 지음, 송영인 옮김, 동녘.
39 《양자론이 뭐야》, 가츠히코 지음, 김선규 감수, 비타민북.
40 《역사》, 헤로도토스 지음, 천병희 옮김, 숲.
41 《역사란 무엇인가》, 카 지음, 김택현 옮김, 까치.
42 《역사철학강의》, 헤겔 지음, 권기철 옮김, 동서문화사.
43 《열하일기》, 박지원 지음, 리상호 옮김, 보리.
44 《오뒷세이아》, 호메로스 지음, 천병희 옮김, 숲.
45 《원효》, 남동신 지음, 새누리.
46 《월든 숲 속에서의 생활》, 소로 지음, 편집부 옮김, 넥서스.
47 《유배지에서 보낸 편지》, 정약용 지음, 박석무 옮김, 창비.
48 《유토피아》, 모어 지음, 나종일 옮김, 서해문집.
49 《이성의 운명에 대한 고백》, 칸트 지음, 김상현 옮김, 아이세움.
50 《인간 불평등 기원론》, 루소 지음, 주경복 옮김, 책세상.
51 《일리아스》, 호메로스 지음, 천병희 옮김, 숲.
52 《임꺽정》, 홍명희 지음, 사계절.
53 《자본론》, 마르크스 지음, 김수행 옮김, 비봉출판사.
54 《장자》, 안동림 지음, 현암사.
55 《전태일 평전》, 조영래 지음, 돌베개.
56 《정치학》, 아리스토텔레스 지음, 천병희 옮김, 숲.
57 《조선과 그 이웃나라들》, 비숍 지음, 신복룡 옮김, 집문당.
58 《조선상고사》, 신채호 지음, 박기봉 옮김, 비봉출판사.
59 《종의 기원》, 다윈 지음, 송철용 옮김, 동서문화사.
60 《죄와 벌》, 도스토옙스키 지음, 김연경 옮김, 민음사.

61 《주역》, 노태준 지음, 홍신문화사.

62 《철학콘서트》, 황광우 지음, 웅진지식하우스.

63 《통치론》, 로크 지음, 강정인 · 문지영 옮김, 까치.

64 《퇴계와 고봉, 편지를 쓰다》, 김영두 지음, 소나무.

65 《파우스트》, 괴테 지음, 김재혁 옮김, 펭귄클래식코리아.

66 《파이드로스, 메논》, 플라톤 지음, 천병희 옮김, 숲.

67 《펠로폰네소스 전쟁사》, 투퀴디데스 지음, 천병희 옮김, 숲.

68 《플루타르코스 영웅전》, 플루타르코스 지음, 천병희 옮김, 숲.

69 《한 권으로 읽는 세종대왕실록》, 박영규 지음, 웅진지식하우스.

70 《햄릿》, 셰익스피어 지음, 노승희 옮김, 펭귄클래식코리아.

고전의 시작

역사 · 자연과학

초판 1쇄 인쇄일 2014년 12월 29일
초판 3쇄 발행일 2015년 11월 20일

지은이 | 황광우 · 홍승기

발행인 | 박재호
편집 | 이둘숙
종이 | 세종페이퍼
인쇄 | 우진제책
출력 | ㈜상지피앤아이

발행처 | 생각학교 Thinking School
출판신고 | 제 25100-2011-321호(2011년 12월 16일)
주소 | 서울시 마포구 동교동 165-8 LG팰리스 1207호
전화 | 02-334-7932 팩스 | 02-334-7933
전자우편 | pjh7936@hanmail.net

ISBN 979-11-85035-21-5 44100
979-11-85035-17-8 (세트)

만든 사람들
기획 | 박재호
편집 | 윤정숙
디자인 | 이석운, 김미연